웃음으로 스트레스 해소하고, 웃음으로 행복 찾자!

웃음 팡팡

유머 여행

김이리 엮음

지식서관

머 리 말

　요즈음 정보화 시대에 사는 사람들은 너무 많은 고통과 슬픔과 괴로움으로, 이마에 굵은 주름살을 새기며 살아가고 있다.
　자신만 알고 남을 생각하지 않는 극단적 이기주의와, 잘못된 행동을 지적하고 나무라는 것까지도 무조건 배척하는 사람들, 남에게 폐를 끼치지 않도록 지도하지 않는 철없는 부모들, 포퓰리즘을 교묘하게 이용하여 자신의 정치적 야욕을 채우는 반국가적 행위는 마땅히 배척되어야 한다. 또한 동조되어서도 안 된다.
　이런 온갖 일들을 잊어버리고 잠시 웃기 위해 이 책은 만들어졌다. 웃음으로 스트레스를 해소하고, '하하하~!' 웃음으로써 행복을 찾자!

차례

- 10 도둑의 유언
- 11 두 술꾼
- 12 그 아버지에 그 딸
- 14 자식들 얼굴 보는 방법
- 16 신나는 주정
- 17 홈즈와 왓슨
- 18 꾸중의 포인트는
- 19 통장과 반장
- 20 달팽이의 귀환
- 21 독설가 존슨
- 23 진짜 고수(高手)
- 25 천생 연분 부부
- 27 애늙은이들
- 28 끝말잇기
- 30 굿모닝
- 32 간 큰 개미
- 34 만만찮은 두 남녀
- 36 다이어트
- 37 분수를 알라
- 39 김정일이 서울에 못 오는 이유
- 40 사오정의 이력서
- 42 굶어죽기는 싫어
- 43 시어머니와 며느리의 대결
- 44 인질범과 며느리
- 45 니도 들었제?
- 47 재미로 장난 전화
- 49 환전하러 가서
- 51 회개를 하려면
- 52 잘못 걸려온 전화
- 53 노부부
- 55 어떤 진찰
- 56 성폭행?
- 58 아버지의 직업
- 60 체인점
- 61 떡과 참기름
- 62 남편을 백만장자로 만든 여자
- 63 독한 아내
- 64 지출이 두려워

contents

- 65 응급 환자
- 67 공처가 기질
- 68 농담이야
- 69 살인적인 잔소리
- 70 어긋난 핵심
- 71 단 하나의 성공 투자
- 72 웃음을 그치게
- 73 소비광 아내
- 74 물어 본 이유
- 75 면접을 본 사오정
- 76 고 백
- 77 사실 확인
- 78 황당한 소설 제목
- 80 부전 자전
- 81 마지막 방법
- 82 데모 버전
- 84 윈도 95의 위력
- 85 의사의 분노
- 87 '똥' 자 들어간 과자 이름은?
- 88 누구 다른 분?
- 90 공상 과학 소설
- 91 세계인의 유머 감각
- 92 할머니의 비밀 번호
- 94 초진과 재진
- 95 그냥저냥
- 96 잘못 간 이메일
- 97 놀부의 접대
- 99 오리 가슴밖에
- 101 누구 귀가 문제?
- 104 처음 낳았을 때는
- 105 솔직한 딸의 기도
- 106 중2와 중3
- 107 두 바보
- 108 건방진 세탁기
- 109 쪽 지
- 110 아하, 그렇구나
- 111 천생 연분
- 112 예수님, 빗자루 좀

차례

- 113 아직도 안 갔어?
- 115 반대편 열차를 잘못 타서
- 116 알파벳 유머
- 118 아내와 다리미
- 120 생일 선물
- 122 셈이 밝은 할아버지
- 123 변호사의 수난
- 125 운전기사가 된 오정이
- 126 싸움에 진 이유
- 127 뒤늦은 신고
- 128 구멍난 벽
- 129 무서운 이야기
- 131 영리한 죄수
- 133 기절한 지렁이
- 134 놀부의 시계
- 136 큰스님의 선문답
- 140 신앙심 자랑
- 141 치과에서
- 142 죽지 않은 이유
- 143 엄마가 얼마나 속 썩였으면
- 144 애국심 강한 원숭이
- 146 문 열렸어요!
- 147 뭘 도와 줄까?
- 148 이럴 수가!
- 149 막차에서 내린 사람
- 151 잘못된 영어 교육
- 152 여기서도
- 153 사투리 때문에
- 154 여기는…
- 155 진동 소리 때문에
- 157 휘파람의 뜻
- 159 운 좋은 사오정
- 161 걱정 마!
- 162 오정이의 깊은 뜻
- 163 일병의 임무
- 164 경찰관에게 한 질문
- 165 1억을 하루에 버는 법
- 167 답의 차이

169 변 명
170 자아 도취
171 무얼 보다가
173 그것도 모르냐?
174 큰일난 마을
175 뻐꾸기가 된 공처가
176 습 관
177 보통의 반대
178 바닷물이 짠 이유
179 한 지붕 밑
180 혀 짧은 오돌이
182 젊어지는 엘리베이터
184 그 때 잡지
185 가장 높은 집
186 태평스러운 주인
187 밤에 해 보셨어요?
188 솔로의 5단계
191 교수의 반응
193 할머니 개그

196 이름 짓기
199 자네도 봤군!
200 왜 안 탔어?
202 영주권
205 며느리의 바람기
206 구독 이유
207 대단한 한국인
209 사오정의 시력은?
210 아들과의 관계
211 3대 미친 여자 시리즈
212 경상도 아버지의 시간 개념
213 신부와 목사님
214 진짜 기적
215 추 억
217 혀 짧은 소년의 비애
219 위인들의 졸업 논문

 # 도둑의 유언

중병에 걸려 세상을 떠나기 직전인 도둑이 있었다. 눈물을 흘리며 곁을 지키고 있는 아내에게 유언을 남겼다.
"여보, 평생 애만 태웠는데 이렇게 가게 됐소. 내 곁에 있어 줘서 정말 고맙소. 내 마지막 선물로 당신에게 주먹만한 다이아몬드 하나 남기겠소."
비록 도둑으로 살았을망정 아내를 아끼는 마음에 감동한 아내가 울며 물었다.
"고마워, 여보. 다이아몬드는 어디에 뒀어?"
그러자 가쁜 숨을 몰아쉬며 도둑이 말했다.
"옆 동네 최 회장 집 안방에 장롱이 있는데 거기 네 번째 서랍에 들어 있소."

 두 술꾼

두 술꾼이 만취해서 철길을 엉금엉금 기어가고 있었다.
"에구구, 무슨 사다리가 이렇게 길어? 끝이 없네. 내려갈 수도 없고 어쩌지?"
그러자 뒤에서 헉헉거리며 기어오던 친구가 말했다.
"어이, 못 올라가겠다. 좀 쉬었다 가자."
그러더니 다급하게 소리쳤다.
"야, 큰일났다! 밑에서 엘리베이터가 올라온다."

그 아버지에 그 딸

사오정이 딸과 함께 아침 운동을 나갔다.
집을 나서서 공원 쪽으로 열심히 뛰는데 지나가던 사람이 사오정을 보고 손짓하며 말했다.
"아저씨, 운동화 짝짝이로 신었어요."
사오정이 아래를 내려다보니 정말로 한쪽은 흰색, 다른 한쪽은 검은색이었다.
운동하던 사람들이 사오정을 보고 웃었다.
사오정은 딸에게 말했다.
"어서 집에 가서 아빠 운동화 가져와. 원, 창피해서 운동이고 뭐고…. 여기서 기다릴게."
딸은 쏜살같이 달려갔다.
그 동안 사오정은 큰 나무 뒤에 숨어서 딸이 오기만 기다렸다.

얼마 후 딸이 돌아왔는데 손에 든 것이 아무것도 없었다.
"왜 그냥 왔니? 신은?"
그러자 딸이 말했다.
"아빠, 소용없어요. 집에도 짝짝이밖에 없어요. 한쪽은 흰색, 또 다른 한쪽은 검은색이더라고요."

자식들 얼굴 보는 방법

델리의 노부부가 뉴욕에 사는 아들에게 전화를 걸었다.

"35년간 네 엄마 얼굴 보기도 지긋하니 이제 이혼할란다. 그런 줄 알아라…."

아들은 갑작스런 전화에 황당하고 놀라서,

"지금 무슨 말씀 하시는 거예요?!"

하고 외쳤다.

아버지는, 이제 말하는 것도 지겨우니 홍콩에 있는 누이에게 이 사실을 알려 주라면서 전화를 끊어 버렸다.

아들은 누이에게 전화로 이 사실을 알려 주자마자 누이 전화통으로부터 폭발음이 날아왔다.

누이는,

"그래 내가 알아서 처리할 테니 너는 잠시만 기다려라!"
그렇게 말하고는 델리로 잽싸게 전화를 걸었다.
딸은 델리로 전화를 걸자마자,
"아버지, 내가 즉시 델리로 갈 테니 그 때까지 아무것도 하지 말고 꼼짝 않고 계세요. 알겠지요?"
아버지로부터, 'OK, 그러마!' 다짐을 받고는 딸은 전화를 끊었다.

전화 수화기를 내려놓고서 노부부는 서로 얼굴을 마주 보면서 피식 웃는 표정을 지으며,

"이제 잘 끝났어. 새해에는 얘네들이 자기 돈 들여서 델리로 오겠구먼…."

신나는 주정

출장에서 돌아온 부장이 부하 직원에게 물었다.
"나 없는 사이에 그 녀석이 또 술 마시고 주정부렸다며?"
그러자 한 직원이 답했다.
"늘 하던 대로 책상 위에 발을 얹고 아무에게나 욕하고 그랬죠."
부장이 쯧쯧 혀를 차며 말했다.
"그 녀석 술만 안 마시면 지금쯤 대리는 되었을 텐데."
그러자 부하 직원이 웃으며 말했다.
"괜찮아요. 술만 마시면 늘 사장이 되는데요, 뭘!"

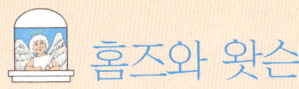 홈즈와 왓슨

유명한 명탐정 셜록 홈즈가 비서 왓슨과 소풍을 가서 텐트를 치고 자던 중, 한밤중에 왓슨을 깨워서 질문을 했다.
"왓슨, 저 별을 보고 무슨 추리를 할 수 있는지 내게 말해 보게."
"수백만 개의 별이 보이네요. 저 수백만 개의 별 중 몇 개라도 행성을 갖고 있다면, 지구와 같은 행성이 있을 가능성이 높은 것이고, 지구와 같은 행성이 다만 몇 개라도 있다면, 그건 다시 말해 저 외계에 생명체가 있을 수 있다는 뜻이죠."
홈즈가 화를 내며 말했다.
"왓슨, 이 멍청아! 별이 보인다는 것은 누가 우리 텐트를 훔쳐 갔다는 말이잖아?!"

꾸중의 포인트는

한 아이가 엘리베이터의 열림 단추를 누른 채 소리쳤다.

"엘리베이터가 기다려, 빨리 와~ 엄마!"

아이가 시끄럽게 소리를 지르자 함께 탄 남자는 짜증이 났다.

잠시 뒤 녀석의 엄마가 타고, 엘리베이터의 문이 닫히자 엄마가 아이를 나무랐다.

"그렇게 하지 말랬지?"

못 마땅하게 생각했던 남자의 얼굴이 풀렸다.

'그럼 그렇지, 잘못한 것은 혼을 내야지.'

그런데 이어지는 엄마의 목소리,

"엘리베이터가 뭐야! 자 따라해 봐, (혀를 굴리며) 엘리베이러~!"

 # 통장과 반장

할머니가 도장이 찍힌 청구서를 은행원에게 내밀며 돈을 찾으려고 했다.
은행원이 말했다.
"청구서 도장과 통장 도장이 다릅니다. 통장 도장을 갖고 와야 합니다"
할머니는 급하게 오느라 실수했다며 통장을 은행원에게 맡기고 금방 온다고 하면서 나갔다.
그런데 아무리 기다려도 오지 않던 할머니는 은행 문을 닫을 때쯤 헐레벌떡 들어오시더니 은행원에게 애원하듯이 말했다.
"아가씨! 미안한데 반장 도장으로는 안 될까? 아무래도 통장을 찾을 수가 없어서…."

달팽이의 귀환

맹구는 누가 문을 두드리는 소리가 들려 나가 보았다.

현관 앞에 달팽이 한 마리가 앉아 있었다.

"에이, 뭐야!"

짜증이 난 그는 달팽이를 들어 있는 힘껏 멀리 던져 버렸다.

3년 후, 다시 맹구네 집 문을 두드리는 소리가 들렸다.

문을 열고 나가 보니 예전의 그 달팽이가 현관 앞에 앉아 있었다.

달팽이는 그를 노려보며 물었다.

"그 때 왜 그랬어?"

독설가 존슨

 극작가이자 시인이며 평론가인 벤 존슨은 혹평으로 유명했다.
 또 어디에 초대되어서도 내온 음식을 흉보는 것이 버릇이었다.
 어찌나 지독하게 깎아내리는지 함께 식사하던 사람조차 기분을 망칠 정도였다. 당연히 분위기도 엉망이 되기 일쑤였다.
 어느 날 그가 식탁에 나온 음식을 보자 여지없이 혹평으로 퍼붓는 것이었다.
 "이것은 영락없이 돼지먹이로구먼."
 그런데 그 집의 안주인 역시 만만치 않은 사람이었다.
 "어머나! 그래요? 그렇다면 한 접시 더 드려야겠

군요."
 그 후로 벤 존슨은 자기의 독설을 삼가게 되었다고 한다.

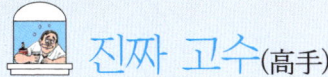

진짜 고수(高手)

처녀가 운전하던 자동차와 총각이 운전하던 자동차가 정면으로 충돌했다.

자동차는 완전히 망가져 버렸지만 신기하게도 두 사람은 한 군데도 다치지 않고 멀쩡했다.

차에서 가까스로 빠져나온 처녀가 총각을 보며 얘기했다.

"세상이! 차가 이렇게 되어 버렸는데 사람은 멀쩡하다니 이건 우리 두 사람이 맺어지라는 신의 계시가 분명해요."

"맞는 말이요, 이럴 수는 없지."

총각 역시 신기해하며 고갤 끄덕였다.

처녀는 자기 차로 가더니 뒷좌석에서 양주를 한 병 들고 와서 이렇게 말했다.

"이 양주병도 깨지지 않았네요. 하늘이 우리 인연을 축복해 주는 게 분명해요. 우리 이걸 나눠 마시며 좋은 인연을 기념해요."

총각이 양주병을 받아들고 기꺼이 반을 마신 뒤 처녀에게 '마시라' 며 양주병을 건네 주었다. 그러자 처녀는 양주병의 뚜껑을 닫더니 총각의 옆에 얌전히 놓는 것이었다.

"아니, 그대는 안 마시오?"

총각이 묻자 처녀는 이렇게 대답했다.

"이제, 우리 경찰이 오길 기다려요!"

 # 천생 연분 부부

노부부가 TV 앞에 앉아 있었다.
아내가 일어나려고 하자 남편이 물었다.
"당신, 주방에 가는 거요?"
아내가 대답했다.
"그래요, 그런데 그건 왜 물어요?"
남편이 말했다.
"그럼 오는 길에 내 부탁 좀 들어 주구려. 냉장고에 있는 아이스크림과 우유를 갖다 주겠소? 만에 하나 잊어버릴지도 모르니까 종이에 적어서 가요."
그러자 부인이 말했다.
"당신은 내가 치매라도 걸린 줄 알아요? 걱정 말아요."

잠시 후, 부인이 접시에 삶은 계란을 그릇에 담아 가지고 들어오자 남편이 말했다.
"고맙소, 그런데 소금은 왜 안 가져왔소?"

 애늙은이들

두 살짜리 꼬마들이 노는 모습을 보고, 세 살짜리 꼬마가 말했다.
"내게도 저런 시절이 있었지."
그러자 네 살짜리 꼬마가,
"요즈음은 애들 노는 모습을 보는 게 유일한 낙이라니까?"
하고 말했다
이런 얘기를 듣고 있던 다섯 살짜리 꼬마가 한숨을 푹 내쉬며 하는 말,
"과거는 생각해 뭐해? 남은 여생이나 즐겨야지."

 **끝말잇기**

경상도 할머니와 서울 할머니가 끝말 잇기를 하기로 했다.

서울 할머니 : 계란

경상도 할머니 : 란닝구(러닝셔츠)

서울 할머니 : 어, 어?

경상도 할머니 : 와~ 예?

서울 할머니: 외래어 쓰면 안 돼요.

경상도 할머니 : 그라믄 다시 합시더.

서울 할머니 : 장롱

경상도 할머니 : 롱갈라묵기(나눠먹기)

서울 할머니 : 사투리 쓰면 안 돼요.

경상도 할머니 : 그라마 함마 더 해 봅시더.

서울 할머니 : 노을

경상도 할머니 : 을라(아이)
서울 할머니 : 집어쳐!

굿모닝

어느 날 아침, 할아버지가 잠을 막 깬 손자에게 인사말을 건넸다.
"우리 강아지, 잘 잤니? 허허."
그랬더니 손자도 할아버지에게 아침 인사를 하는 것이었다.
"할아버지, 굿모닝?"
"구 머시기?"
"예, 좋은 아침이라는 뜻이에요."
"그래? 좋~았어!"
할아버지는 자신을 평소 무식하다고 여기는 할머니에게 가서 유식한 체하려고 할머니의 귀에 대고 '국머닝' 하고 속삭였다.
그런데, '국 뭐니?'로 알아들은 할머니는 큰 소

리로 말했다.
"오늘 국은 감자국이유."

간 큰 개미

 수영장에서 몹시 화가 난 개미가 풀 안에서 수영하는 코끼리를 노려보며 소리를 질렀다.
 "야, 코끼리!"
 그러나 코끼리는 들은 척도 하지 않고 계속 수영을 했고, 개미는 더 큰 소리로 수영장이 쩌렁쩌렁 울리도록 떠들었다.
 "야, 인마! 코끼리! 너 이리 와!"
 기가 찬 코끼리가 피시식 웃으면서 개미에게 다가갔다.
 "왜?"
 "너 이리 나와 봐!!"
 코끼리는 어이가 없었지만 어찌 하나 보려고 풀 밖으로 나갔다.

그러자 개미는 코끼리의 위아래를 흘끔 쳐다보더니 말했다.
"됐어, 들어가 봐."
코끼리는 화를 꾸욱 참으며 개미에게 물었다.
"근데 왜 나오라고 했어?"
"별거 아냐, 누가 내 수영복을 훔쳐갔잖아. 난 또 니가 내 꺼 입은 줄 알고…."

만만찮은 두 남녀

어느 날 두 남녀가 맞선을 보려고 마주 앉았다.
앉고 보니 남자는 씨름 선수 같은 몸매에 여자는 말라깽이였다.
여자가 웃으며 말했다.
"근수가 제법 나가겠네요."
남자가 응수했다.
"이래 봬도 별로 안 나갑니다."
"어째서요?"
여자가 물으니 남자 왈,
"머리는 텅텅 비어 있지요. 허파엔 바람뿐이죠. 쓸개는 빠졌걸랑요. 그러는 댁이야말로 근수가 얼마 안 나가겠군요."
여자가 말하기를,

"웬걸요, 보기보다는 짱짱하게 나가는 걸요."
"왜 그렇죠?"
남자의 질문에 여자는 다음과 같이 말했다.
"머리는 돌머리지요. 얼굴에는 철판을 깔았지요. 그리고 간뎅이는 부었걸랑요~."

다이어트

언제 봐도 뚱뚱한 고모님을 찾아갔다.
"의사가 새로 바뀌었는데 나더러 다이어트를 하라지 뭐냐? 이 나이에 그걸 하라니 무슨 소리냐 말이다."
고모님은 콧방귀를 뀌는 것이었다. 그리고는 고기가 든 큼직한 파이를 먹기 시작했다.
"그게 다이어트 음식인가요?"
내가 깜짝 놀라면서 물었다.
"그럴 리가 있냐?"
고모님은 퉁명스럽게 말했다.
"이건 저녁 식사란다. 다이어트는 한 시간 전에 먹었고…."

 분수를 알라

컴퓨터가 모든 일을 처리하다 보니 결혼 중매까지도 컴퓨터가 대행하는 세상이 됐다.

한 사내가 결혼 중매 사이트에 접속해 원하는 배우자의 구비 조건을 다음과 같이 입력했다.

1. 키가 커야 함.
2. 각선미가 좋아야 함.
3. 미인이어야 함.
4. 재산이 많아야 함.

잠시 후, 컴퓨터에서 해당란에 답하라는 설문지가 나왔다.

1. 당신은 키가 큽니까?
2. 체격이 우람합니까?

3. 미남에 머리가 좋습니까?
4. 재산이 많습니까?

사내는 한참을 고민하다가 아무리 컴퓨터지만 진실은 통할 것이라는 생각으로 모든 난에 '아니오'라는 글을 입력했다.
즉시 컴퓨터에 다음과 같은 답신이 떴다.
'꼴값하네.'

김정일이 서울에 못 오는 이유

거리에는 총알 택시가 너무 많다.
골목마다 대포집이 너무 많다.
간판에는 부대찌개가 너무 많다.
술집에서는 폭탄주가 너무 많다.
가정은 집집마다 핵가족이다.

 # 사오정의 이력서

 사오정이 그 동안의 방탕한 백수 생활을 청산하고 취직을 하기로 맘을 먹었다.
 친구 팔계에게 옷을 빌려 입고 이력서를 들고 어느 기업에 찾아갔다.
 그는 이력서를 자신 있게 내놓았다.
 우리의 사오정, 이력은 어떤지 살펴보자.

 성 명 : 사오정
 본 적 : 누굴 말입니까?
 주 소 : 뭘 달라는 겁니까?
 호 주 : 가 본 적 없음.
 신 장 : 두 개 다 있음.
 가족 관계 : 가족과는 관계를 갖지 않음.

지원 동기 : 우리 학과 동기인 영구랑 같이 지원했음.
모　교 : 엄마가 다닌 학교라서 난 모름.
자기 소개 : 우리 자기는 아주 예쁨.
수상 경력 : 배 타 본 적 없음.

굶어죽기는 싫어

너무나도 삶이 팍팍한 한 러시아인이 자살하기로 마음을 먹었다.

어느 날 저녁, 그는 빵을 한 뭉치 옆구리에 끼고 시골길을 걸었다.

마침내 철로가 나타나자 이 사람은 그 위에 누웠다.

얼마 후 한 농부가 지나가다가 이 광경을 보게 되었다.

"여보쇼, 거기 철로 위에 누워 뭘 하는 거요?"

"자살하려고요."

"그런데 그 빵은 뭐요?"

"이거요? 이 지방에서 기차 오는 걸 기다리려면 굶어 죽는다고 해서요."

시어머니와 며느리의 대결

　가풍 있는 종가집 며느리가 드디어 아들을 출산했다.
　산후 조리가 끝나갈 무렵의 어느 날, 며느리는 시어머니가 손자에게 젖을 물리고 있는 광경을 목격했다.
　너무 어이가 없어 남편에게 이 사실을 말했지만 남편은 아내의 말을 무시했다.
　며느리는 너무 화가 나서 여성 상담소에 전화를 걸어 하소연했다.
　며느리의 하소연을 듣고 있던 상담사는 딱 한 마디 조언을 했다.
　"맛으로 승부하세요~~."

인질범과 며느리

 어느 인질범이 할머니를 납치해서 인질로 잡아 놓고 며느리에게 전화를 했다.
 "너의 시어머니 내가 데리고 있다. 천만 원을 가져 오면 풀어 주마!"
 며느리 왈,
 "어림 없는 소리, 니 맘대로 해!"
 인질범 왈,
 "좋다, 그렇다면 너의 시어머니를 도로 데려다 놓겠다."
 당황한 며느리 황급한 목소리로
 "여보세요, 은행 계좌 번호가 어떻게 되죠?"

 ## 니도 들었제?

어느 날 친구들과 중국집에 갔다.

나는 우동을 시키고 친구 두 명은 짜장을 시켰다. 그러자 웨이터는 주방에다 대고 소리쳤다.

"우~ 짜짜~."

그러자 잠시 후 우동 하나에 짜장 두 개가 나왔다. 그런데 조금 있다 7명이 들어왔다.

그들은 우동 세 개에 짜장 네 개를 시켰다. 그러자 웨이터는 또 주방 쪽에다 대고 소리쳤다.

"우~짜 우~짜 우~짜짜!"

그러자 그들이 주문한 것이 정확하게 나왔다.

나는 속으로,

'줄여서 잘도 전달하는구나!'

하고 생각했다.

그런데 잠시 후, 20여 명이 단체로 한꺼번에 들어왔다.

그러더니 주문도 가지 각색이었다.

짜장 3, 우동 2, 짬뽕 3, 탕수육 2, 등등 아무튼 무척 복잡하게 시켰다.

나는 저것을 어떻게 전달하나 유심히 봤다. 그랬더니 단 다섯 마디로 하는 것이었다.

주방을 향해,

"어이~ 니도 들었제?"

 # 재미로 장난 전화

따르르르릉~ 따르르르릉~~!

소년 : 여보세요?

나 : (아주 목소리를 깔고)아버지 계시니?

소년 : 저어…안 계신데요….(아버지가 계신다구 하면 얼른 끊을 것)

나 : (아주 친근한 척) 오호! 그래? 그럼 네가 첫째니, 둘째니?

소년 : 둘째인데요….(만약 외동딸이나 아들이라면 얼버무릴 것)

나 : 그래? 이제 니가 몇 학년이더라?

소년 : 네… 중학교 1학년요….

나 : 어머니도 잘 계시고?

소년 : 네에… 잘 계셔요….

나 : 목소리가 아주 의젓해졌구나! 그런데 이 아저씨 모르겠어?

소년 : 네에…잘 모르겠는데요…(가끔 안다고 하는 이상한 애들 있음….주의!)

나 : 그럼 메모 좀 남길래?

소년: 잠깐요, 펜 좀 찾고요. 말씀하세요.

나 : 음…, 아버지 오시면 장난 전화 왔다고 전해 드리렴.

 환전하러 가서

 남들은 황혼이라는 70이 다 되도록 여자를 멀리하고 오로지 돈만 모으던 한 구두쇠 노인이 더 늙기 전에 이젠 돈도 좀 쓰고 외국 여행이라도 가려고 외환 은행에 갔다.
 은행 환전 창구에 젊고 어여쁜 은행 직원 아가씨에게 할아버지가 말했다.
 "아가씨, 돈 좀 바꿔 줘요"
 여직원이 싱글싱글 웃으면서 말했다.
 "네, 애나(엔화) 드릴까요? 딸라(달러) 드릴까요?"
 가만히 듣고 있던 노인, 어리둥절하여 생각했다.
 '아니, 내가 돈이 많다는 걸 어떻게 알고 나이도 젊은 아가씨가 이리 당돌할까?'
 그래도 이렇게 젊고 이쁜 아가씨가 애를 낳아 준

다는 것이 내심 기쁘고 흐뭇해진 할아버지는 아가씨에게 얼른 말했다.
　"이왕이면 아들 낳아 줘!"
　"네? 뭐, 뭐라고요?!"

회개를 하려면

한 교회의 목사님이 주일 학교 어린이들에게 설교를 하였다.
"우리 모두 회개를 해야 합니다."
목사님이 한 학생에게 물었다.
"학생, 회개를 하려면 먼저 어떻게 해야지요?"
"네, 먼저 죄를 지어야 합니다."

잘못 걸려온 전화

한 목사가 집에서 성경을 보고 있었다.

그 때 맥주 두 박스를 배달해 달라는 어느 여자의 잘못 걸려온 전화를 받았다.

'아니, 이 목소리는?'

목사는 맥주를 주문하는 여자의 목소리가 자기 교회 교인의 목소리란 것을 알아차리고, 점잖게 말했다.

"성도님, 저는 성도님 교회의 담임 목사입니다."

그러자 그 여자가 이야기했다.

"아니, 목사님, 도대체 지금 술집에서 뭐하고 계세요?"

노부부

할머니와 할아버지가 가파른 경사를 오르고 있었다.

할머니는 너무 힘이 들어 애교 섞인 목소리로 할아버지에게 부탁했다.

"영감~ 나 좀 업어 주슈!"

할아버지도 무척 힘들었지만, 할머니가 더 힘들어 하기에 할 수 없이 할머니를 업었다.

조금 가다가 할머니가 얄밉게 물었다.

"무겁수?"

그러자 할아버지가 담담한 목소리로,

"그럼~ 무겁지! 얼굴 철판이지, 머리 돌이지, 간은 부었지. 그래서 많이 무거워!"

그러다 할머니를 내려놓고 둘이 같이 걷다가, 너

무 지친 할아버지가 땅에 주저앉으며 말했다.

"못 걷겠구려. 할멈~ 나도 좀 업어 줘!"

기가 막혔지만 어쩔 수 없이 할머니가 그래도 할아버지를 업었다.

이 때 할아버지는 약 올리는 목소리로 할머니에게 물었다.

"그래도 생각보다 가볍지?"

할머니는 입가에 미소까지 띠며 말했다.

"그럼~ 가볍고말고요. 머리 비었지, 허파에 바람 들어갔지, 양심 없지, 싹수없지. 뭐 든 게 있슈?"

어떤 진찰

　남자 친구와 몇 차례 재미를 즐긴 여자가 하루는 배가 이상하여 병원을 찾았다.
　혹시 임신이면 어쩌나 하고서….
　진찰을 마친 의사가,
　"아가씨 뱃속에 생명체가 자라고 있습니다."
　"어머, 어쩌면 좋죠?"
　그러자 의사가 알약을 건네 주면서 말했다.
　"약을 드시면 걱정 없으실 겁니다."
　받아든 아가씨가 의아해하며 물었다.
　"요즘엔 임신 중절을 약으로도 하나요?"
　의사는 아가씨를 힐끔 쳐다보고 말했다.
　"그건 회충약입니다."

성폭행?

한 남학생이 사람이 잔뜩 탄 만원 버스를 타게 되었다.

버스를 타고 가고 있는 중 버스가 급정거를 하게 되었는데… 뒤로 넘어가면서 할머니에게 살짝 기대게 되었다.

학생은 할머니에게 죄송하다고 말하려는데, 할머니가 무섭게 노려보며 소리치는 게 아닌가!

"학상, 이거 성폭행 아녀?"

순간 당황한 남학생 얼굴이 새빨개졌다.

"아~ 저 그게 아니고…"

말도 못하고 있는 사이, 할머니가 다시 한 번 노려보시며 말했다.

"학상, 이거 성폭행 아니냐고?"

사람들이 모두 쳐다보기 시작하자 남학생의 얼굴은 더욱 시뻘개졌다.
"학상, 내 다시 묻건는디, 이거 정말 성폭행 맞어?"
더욱더 난감해져 울기 직전에 이른 남학생.
바로 그 때, 남편인 듯한 할아버지가 뒤에서 나오시며 왈,
"학상~ 이거 성북행 아녀?"

아버지의 직업

선생님 삼돌이 아버지는 무슨 일을 하고 계시지?
삼돌이 식량 확대 주식회사 사장입니다.
선생님 그럼 장소와 생산 품목은?
삼돌이 광화문 옆에서 뻥튀기를 만들어요!

선생님 그럼 갑돌이 아버지는?
갑돌이 네, 저의 아버지 직업은 대변인입니다.
선생님 그럼 소속된 당과 이름은?
갑돌이 국회 의원 회관에서 화장실 청소….

선생님 또 을돌이 아버지는?
을돌이 네, 저의 아버지 직업은 수산업과 제과업

을 하십니다.
선생님 아니, 두 개 회사나 차릴 정도로 활동을 많이 하시는구나? 그럼 장소와 생산 품목은?
을돌이 남대문 시장에서 붕어빵을 만드십니다.

체인점

지하도에서 거지가 양손에 모자를 두 개나 들고서 구걸을 하고 있었다.
지나가던 행인이 물었다.
"왜 모자를 두 개나 들고 계세요?"
거지가 긴 한숨을 내쉬며 말했다.
"네, 요즘 장사가 너무 안 돼서 체인점 하나 더 냈습니다."

떡과 참기름

떡이랑 참기름이 싸웠다.
그런데 떡만 교도소에 갔다.
그 이유는 참기름이 고소해서.
그런데 며칠 후 참기름도 교도소에 갔다.
그 이유는 떡이 불어서.

남편을 백만장자로 만든 여자

한 아름다운 여성이 그녀의 친구에게 으스대며 말했다.
"내 남편을 백만장자로 만들어 준 사람이 바로 나야."
친구가 선망의 눈길로 바라보며 물었다.
"그러면 너와 결혼하기 전의 남편은 어땠는데?"
"응? 천만장자였지, 뭐."

 ## 독한 아내

　　남편 앞으로 든 생명 보험을 노리고 남편을 독살한 아내가 경찰에 체포되었다.
　　담당 검사가 아내를 심문하는 날,
　　"남편이 독이 든 커피를 마실 때, 조금도 양심의 가책을 안 받았나요?"
　　"조금 불쌍하다고 생각한 적도 있어요."
　　검사가 물었다.
　　"그 때가 언제였죠?"
　　"커피 한 잔 더 달라고 할 때요."

지출이 두려워

평소 사소한 일에도 툭하면 울음을 터뜨리는 마누라가 있었다.
그 날도 울면서 하는 말,
"여보, 당신은 이제 더 이상 나를 사랑하지 않는 거죠, 엉엉!"
남편이 아내를 달래며 말했다.
"아니야, 왜 그런 말을 해? 난 변함없이 당신을 사랑한다구."
"거짓말 말아요. 요새는 내가 울면 왜 우는지 물어 보지도 않잖아요!"
"그건 그렇지. 하지만 왜 우느냐고 질문하고 나면 상당히 많은 돈이 들어간다는 것을 깨닫게 되었거든."

 응급 환자

의사인 닥터 박에게 동료 의사로부터 급한 전화가 왔다.

"이봐, 자네 지금 뭐하고 있는 거야? 빨리 오라고! 자네 기다리다 우리 먼저 고스톱 시작했네. 판이 무척 크다니깐…. 짭짭할 거네."

친구의 급한 목소리에 닥터 박은 낮은 목소리로 조그맣게 대답했다.

"알았네, 내 금방 가지!"

남편인 닥터 박이 아주 심각한 얼굴이 되어 전화를 끊자 옆에서 듣고 있던 아내가 걱정스런 얼굴로 물었다.

"응급 환잔가 보죠?"

닥터 박은 조금 전보다 더 심각한 얼굴을 하며

말했다.
 "그런가 봐. 지금 의사 넷이 온통 매달려 있다니까…"

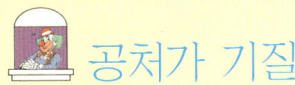 # 공처가 기질

한 남자가 결혼 초부터 아내에게 쥐여 사는 것을 보고 친구가 한심하다는 듯 물었다.
"난 자네를 보면 아주 답답해 죽겠네."
"왜 또 그러나?"
"생각을 해 보게. 솔직히 자네 집에서 가장이 누군가?"
그러자 친구가 망설임 없이 대답했다.
"글쎄… 전에는 아내가 가장이었는데, 딸애들이 다 큰 다음부터는 위원회 방식으로 운영되고 있다네."

 농담이야

일찍 죽은 아내의 묘를 찾아온 남자가 울먹이면서 말했다.

"무정하기도 하지! 여보, 왜 나를 두고 먼저 갔어. 제발 부탁이야. 보고 싶어, 한 번만이라도 다시 돌아와 줘."

그러자 갑자기 묘가 약간 들썩거리더니 뭔가가 나오려 하는 것이었다.

잠시 후 묘에서 두더지 한마리가 튀어나왔지만, 너무나 깜짝 놀란 남자는 혼비백산해서 도망가며 소리쳤다.

"으악~ 하나님! 제가 농담 한번 한 걸 갖고 뭘 그러십니까?"

# 살인적인 잔소리

이혼을 하러 온 부부에게 판사가 근엄한 목소리로 말했다.
"피고, 당신은 지금 아내의 잔소리 때문에 이혼을 하겠다는 겁니까?"
"네! 더 살다가는 제가 죽을 것 같습니다."
"그럼 이 사건의 올바른 판단을 위해, 당신 부인이 하는 잔소리를 하나도 빼지 말고 다 말해 보시오."
그러자 남편이 깜짝 놀라며 말했다.
"그렇지만, 재판장님! 진짜로 5시간이나 되는 얘기를 다 들으실 수 있겠습니까?"

어긋난 핵심

어떤 부부가 부부 싸움을 하다가 남편이 부인을 창문 밖으로 던져 버렸다.
다행히 약간 긁혔을 뿐 큰 상처가 없었던 부인은 당장 경찰서로 달려갔다.
"남편이 저를 창 밖으로 던져 버렸어요!"
결국 남편은 소환되었고 경찰이 물었다.
"당신은 아내를 창 밖으로 던졌습니까?"
"네."
너무도 당당한 대답에 격분한 경찰이 말했다.
"아니, 이럴 수가! 그러다가 만약에 지나가는 사람이 맞아서 다칠 수도 있다는 생각은 안 해 봤단 말이오?"

단 하나의 성공 투자

어느 날 아침 식탁 앞에서 신문을 보던 남편이 자기가 증권에 투자한 결과가 좋지 않다면서 우는 소리를 했다.

"피 같은 내 돈만 다 날렸어."

아내는 아내대로 요즘 새로 시작한 다이어트가 뜻대로 안 된다면서 불만을 털어놓았다.

아내는 과거에도 여러 번 다이어트를 시도해 보았지만 제대로 된 적이 없었다.

남편이 투덜거리며 증권 시세란을 보다가 아내를 힐끗 바라보며 하는 말,

"이그~ 내가 투자한 것치고 갑절로 불어난 것은 당신밖에 없구려."

 웃음을 그치게

모처럼 부부 동반 외출을 나선 중년 부부.
아내가 고급 양장점에서 가봉을 하고 있는 동안, 남편은 그 모습이 우습다는 듯 계속 빙글빙글 웃고 있었다.
이를 본 아내가 양장점 직원에게 속삭였다.
"저분한테 이 옷값을 보여 드려요. 그러면 웃음을 당장 그칠 테니."

 ## 소비광 아내

술집에서 술값을 현금으로 내는 남자를 보고 동료가 물었다.
"신용 카드로 내지 그러나?"
"난 신용카드를 도둑맞은 지 몇 달이 지났다네."
"세상에! 자네, 분실 신고는 했겠지?"
"아니, 안 했다네. 도둑이 내 아내보다 훨씬 돈을 덜 쓰고 있기 때문이지."

물어 본 이유

예년에 비해 몹시 추운 어느 겨울날.

어느 부부가 부인의 성화에 못 이겨 결혼한 지 10년 만에 극장엘 갔다.

모처럼 영화 구경을 하게 된 부인이 한껏 분위기에 젖어들고 있는데 옆자리의 남편이 옆구리를 쿡 찔렀다.

남편 여보, 잘 보여?
부인 네, 잘 보여요.
남편 그 쪽엔 찬 바람이 들어오지 않나?
부인 안 들어오는데요.
남편 의자에 스프링도 튀어나오지 않았고?
부인 네.
남편 그럼 자리 좀 바꿔!

 **면접을 본 오정이**

 오정이가 경찰이 되기 위해 면접을 보는 날, 면접관이 오정이에게 물었다.
 "김구 선생이 누구에게 피살되었지?"
 그러자 오정이는 바로 아내에게 전화를 걸어 말했다.
 "자기야! 나 첫 날부터 사건 맡았어~!"

 # 고 백

신혼 여행을 간 첫날밤에 신랑과 신부는 마주 앉아 술을 마셨다.

술자리가 무르익자 서로의 과거에 대하여 숨김없이 고백하기로 약속했다.

신부가 먼저 입을 열었다.

"저어, 사실은… 제 나이 스무 살 때 한 남자를 알았어요."

신랑은 묵묵히 그녀의 얘기를 들었고, 신부는 모든 사실을 숨김없이 털어놓았다.

심각한 표정으로 술을 한 잔 들이킨 신랑은 고개를 숙이고 있는 신부를 보며 나지막하게 말했다.

"미안해, 사실은 내게도 한 남자가 있었어."

"???"

 사실 확인

장례식이 거행되고 있었다. 엄숙한 표정으로 목사가 고인의 관 앞에서 강한 의지·근면함·선행 등의 덕목을 나열하고 있다.

그러자 미망인이 옆에 서 있는 아이들에게 속삭였다.

"잠깐 가서 관 속에 있는 게 정말 아빠인지 좀 보고 와."

황당한 소설 제목

어느 대학교 문학과 교수가 학생들에게 소설을 써 오도록 과제를 냈다.

단 '귀족적인 요소'와 '성적인 요소'를 첨가하도록 했다.

며칠 후 교수는 한 학생의 소설 제목을 보고 기절할 뻔했다.

'공주님이 임신했다.'

하도 기가 막혀 다시 SF적인 요소를 첨가하도록 숙제를 내주었다.

며칠 후 그 학생의 소설 제목은,

'별나라 공주님이 임신했다.'

이에 열받은 교수는 다시 미스터리 요소를 첨가하도록 했는데, 그 학생은 또 이렇게 적어냈다.

'별나라 공주님이 임신했다. 누구의 아이일까?'

이제 더 이상 참을 수 없다고 생각한 교수는 비장한 각오로 마지막 수단을 썼다.

그건 다름 아닌 종교적 요소까지 첨가시켜 오라는 것이었다.

교수는 승리의 미소를 지었으나 며칠 후 그 학생의 과제를 받고 쓰러져 버렸다.

'별나라 공주님이 임신했다. Oh My God! 누구의 아이일까?'

부전 자전

오돌이가 날마다 학교도 빼먹고 놀러만 다니는 망나니 짓을 하자 천하의 사오정도 걱정이 되었다.

하루는 오정이가 아들을 불러놓고 무섭게 꾸짖으며 말했다.

"에이브러햄 링컨이 네 나이였을 때 뭘 했는지 아니?"

오돌이가 너무도 태연히 대답했다.

"몰라요."

그러자 오정이가 훈계하듯 말했다.

"잠시도 쉬지 않고 공부하고 연구했단다."

그러자 오돌이가 대꾸했다.

"아, 그 사람 나도 알아요. 아버지 나이였을 땐 대통령이었잖아요?"

마지막 방법

빌 게이츠가 중병에 걸려 병원에 갔다.
빌 게이츠를 진찰한 의사는 고개를 절레절레 흔들며 말했다.
"심각한 바이러스가 당신의 몸에 침투해 있습니다. 현대 의학으로는 도저히 해결할 수 없는 신종 바이러스입니다."
빌 게이츠가 묻는다.
"약물로 치료가 안 됩니까?"
"안 됩니다."
"수술로도 완치가 안 됩니까?"
"불가능합니다."
그러자 빌 게이츠가 최후의 해법을 제시했다.
"할 수 없군요. 그럼 포맷해 주세요."

데모 버전

어느덧 빌 게이츠도 나이가 들어 노환으로 임종을 맞게 되었다.

천사가 나타나 천당과 지옥의 모습을 보여 주며 마음에 드는 곳을 고르라고 말했다.

그런데 모니터에 등장한 천당의 모습은 별로 특별한 것이 없는 반면, 지옥은 너무나 아름답고 평화로워 보였다.

온갖 아름다운 꽃들이 피어 있는 길가에는 반라의 미녀들이 하프를 연주하고 있다. 게다가 강물에는 꿀이 흐르고 나무에는 돈다발이 주렁주렁 달려 있었다.

빌 게이츠는 주저없이 지옥을 선택하겠노라고 말했다.

그런데, 정작 지옥에 도착해 보니 모니터에서 본 모습은 어디에서도 찾을 수 없었다. 사방이 불구덩이요, 폭염과 한파가 하루에도 열두 번씩 교차하는 가운데 사람들은 죄다 중노동에 시달리는 비참한 곳이었다.

실망한 빌 게이츠가 염라 대왕에게 따졌다.

"어떻게 모니터의 모습과 실제 모습이 이리도 다를 수가 있습니까?"

그러자 염라 대왕이 음산하게 웃으며 대답했다.

"그것은 데모 버전이었느니라."

윈도 95의 위력

지구에 외계인이 침략해 왔다.

고심하던 미국 대통령은 빌 게이츠에게 외계인의 컴퓨터를 파괴하라는 명령을 내렸다.

한 시간 후 빌 게이츠에게서 핸드폰이 왔다.

"각하! 기뻐해 주세요. 적의 메인 컴퓨터를 다운시켰습니다!"

외계인들은 원인도 모르는 메인 컴퓨터의 고장으로 할 수 없이 지구 밖으로 후퇴하고 말았다.

빌 게이츠가 백악관에 도착하자 파티가 열렸다.

클린턴이 빌게이츠에게 물었다.

"역시 자네는 대단한 능력을 갖고 있군. 아니, 어떻게 컴퓨터를 다운시켰나?"

"윈도 95를 깔았는데요."

의사의 분노

외과 의사인 짐은 누구보다 안전띠 착용을 권장하는 사람이었다. 그는 여러 곳을 다니며 많은 강연회를 가졌다.

"여러분, 운전을 할 때 안전띠를 매지 않는다는 것은 이미 50퍼센트의 목숨을 내놓은 것이나 다름이 없습니다."

그러던 어느 날 심한 외상을 입은 환자가 응급실에 실려 왔다.

"안전띠를 착용했었나요?"

"아니요!"

그 환자를 자세히 본 의사는 너무나 화가 났다.

그 환자는 얼마 전 자신의 강연회를 듣고 갔던 사람이기 때문이다.

"안전띠만 착용했으면 이렇게 다치지는 않았을 것 아닙니까?"
"선생님, 저는 자전거를 타다가 다쳤어요."

'똥' 자 들어간 과자 이름은?

하루는 교수님이 강의 도중에 이렇게 말했다.
"음… 과자 이름 중 '똥' 자 들어간 과자는 없지! 그 이유는 '똥' 자가 들어가면, 판매에 많은 영향이 있어 쓰질 않는 것이다! 물론 어느 식품이나 마찬가지지."
그런데 바로 그 순간 옆에 있던 친구가 손을 들며 말했다.
"교수님… 똥자 들어간 과자 이름 있는데요!"
그러자 교수님은 갑자기 얼굴색이 변하면서 이렇게 말했다.
"있나? 그래… 그 제품 이름이 뭐지?"
그러자 그 친구가 이렇게 말했다.
"마똥산!"

누구 다른 분?

 등산을 몹시 좋아하는 한 목사님이 혼자서 등산을 하다가 실족하는 바람에 그만 절벽 밑으로 굴러떨어졌다.

 그러나, 그 목사님은 위급한 상황에서도 정신을 잃지 않고 손을 뻗쳐 절벽 중간에 있는 소나무 가지를 움켜쥐었다.

 간신히 목숨을 건진 목사님은 절벽 위를 향해 소리를 질렀다.

 "사람 살려! 위에 아무도 없습니까?"

 그러자 하늘에서 목소리가 들렸다.

 "아들아! 염려 마라, 내가 여기에 있노라! 그 나무를 놓아라. 천사들이 안전하게 너를 구해 줄 것이다."

 그러자 목사님은 아무 말 없이 잠시 동안 무엇을

생각하느라 침묵을 지켰다.
잠시 후 목사님이 소리쳤다.
"위에 누구 다른 분은 안 계세요?"

공상 과학 소설

　대형 서점에 한 남자가 들어와서 여러 곳을 기웃거리며 책을 찾다가 못 찾자 카운터로 다가가 아가씨에게 물어 보았다.
　"저 아가씨, 남자가 여자를 지배하는 비결에 관한 책이 어디에 있지요?"
　그러자 계산을 하고 있던 아가씨가 퉁명스럽게 쏘아붙였다.
　"손님, 공상 과학 소설 코너는 저 쪽입니다."

세계인의 유머 감각

프랑스인 유머를 다 듣기 전에 웃어 버린다.
영국인 유머를 끝까지 다 듣고 웃는다.
미국인 유머를 다 듣고도 웃지 않는다.
독일인 유머를 듣고 다음 날 아침에 웃는다.
한국인 유머 내용도 모르고 남 따라 웃는다.
일본인 유머를 잘 듣고 그대로 모방한다.
중국인 유머를 다 듣고도 못 들은 척한다.

할머니의 비밀 번호

시골의 작은 은행에서 할머니 한 분이랑 은행 여직원이 실랑이를 벌이고 있었다.
"할매요, 비밀 번호가 뭡니꺼?"
여직원이 묻자 할머니는 작은 목소리로 말했다.
"비둘기."
황당한 은행 여직원 다시 한 번,
"할매요, 비밀 번호 말 안 하면 돈 못 찾는다 아잉교. 퍼뜩 비밀 번호 말하이소."
그러자 살짝 입을 가리신 할머니 한 번 더,
"비둘기."
참다 못한 여직원은,
"할매요, 바쁜데 지금 장난하는 것도 아니고 와 이라능교. 퍼뜩 비밀번호 대소."

그제야 할머니가 비밀 번호를 말하는데,
"9999…."

초진과 재진

 공짜를 무지 좋아하는 맹구가 중병으로 앓아눕게 되었다.
 하지만 돈이 아까워서 병원에 안 가고 버티던 중, 도저히 참지 못할 정도로 통증이 심해지자 어쩔 수 없이 병원에 갔다.
 그런데 병원 안내판을 보니 '초진 5,000원, 재진 3,000원'이라고 적혀 있었다.
 3,000원에 눈을 떼지 못하고 진료실 문 앞을 왔다갔다 고민을 하다가 갑자기 진료실 문을 벌컥 열더니 하는 말,
 "선생님, 지 또 왔슈!"

 그냥저냥

어느 사슴 목장을 찾아갔다가 주인과 얘기를 나누게 되었다.
"사슴이 몇 마리나 되나요?"
"289마리요."
"참 많네요. 일이 힘드실 텐데 어르신의 올해 연세가 어떻게 되십니까?"
"한 80 넘었는데, 끝자리는 잘 모르고 산다오."
"아니, 사슴 숫자는 정확히 아시면서 어찌 어르신 나이는 모르십니까?"
"그거야, 사슴은 훔쳐 가는 놈이 많아서 매일 세어 보지만 내 나이야 훔쳐 가는 놈이 없어서 그냥저냥 산다오."

잘못 간 이메일

무역업에 종사하는 사업가가 먼 열대 지방으로 출장을 갔다.

도착하자마자 그는 아내에게 이메일을 썼다.

그런데 그만 실수로 아내의 이메일 주소를 잘못 치는 바람에 엉뚱하게 얼마 전 세상을 떠난 김 목사님의 사모님에게 발송되고 말았다.

목사님 사모님은 e메일을 받아 읽고 그만 기절해 버렸다.

거기에는 다음과 같이 씌어 있었다.

"여보, 무사히 잘 도착했소. 그런데 이 아래는 정말이지 무척 뜨겁구려."

 # 놀부의 접대

어떤 나그네가 놀부가 살고 있는 마을을 지나다가 날이 어둑어둑해지자 한 집으로 들어갔다.
그런데, 그 집은 하필 놀부네 집이었다.
"저, 날이 어두워져서 그런데 잠시 불을 쬐고 가도 될까요?"
나그네의 말에 주인이 대답했다.
"그러시오."
"흠~ 저, 목이 타서 그러는데 뭐 마실 거라도 좀…."
그러자 놀부는 얼른 들어가 술이 가득 든 항아리를 들고 나왔다.
사내는 정신없이 술독을 받아서는 벌컥벌컥 마시고는 말했다.

"고맙소, 인심이 참 좋군요. 정말 감사합니다."
그러자 놀부가 히죽 웃으며 말하는 것이었다.
"별거 아니오. 그 술독에 쥐가 한 마리 빠졌기에 안 마시고 뒀던 거라서 준 거요."
"뭐요?!!!"
나그네는 벌컥 화를 내며 항아리를 바닥에 내팽개쳐 버렸다.
그러자 그 모습을 본 놀부가 사내에게 달려들며 소리쳤다.
"불도 쬐게 하고 마실 술까지 줬는데, 한다는 짓이 하나밖에 없는 애들 요강을 깨뜨려?!"

 오리 가슴밖에

　멋진 값비싼 외제 짚차를 몰고 가던 남자가 도랑물을 만났다.
　물의 깊이를 몰라서 망설이던 남자는 옆에 있던 한 아이에게 물었다.
　"얘야, 저 도랑이 깊니?"
　"아뇨, 아주 얕아요."
　남자는 아이의 말을 믿고 그대로 차를 몰았다.
　그러나… 차는 물에 들어가자마자 깊이 빠져 버리고 말았다. 죽을 고생을 한 후에 겨우 물에서 빠져 나온 남자는 아이에게 고래고래 소리를 지르며 화를 냈다.
　"너 이 녀석! 깊지 않다더니 내 차가 통째로 가라앉았잖아! 네가 어른을 가지고 노냐?"

그러자 아이는 고개를 갸우뚱거리며 말했다.
"어? 이상하다~ 아까는 오리 가슴밖에 안 찼는데…."

누구 귀가 문제?

 최근 들어 오정이는 아내가, 자기가 묻는 말에 제대로 대답을 안 한다는 것을 깨달았다.
 '쯧쯧, 귀가 먹었나 보다.'
 오정이는 전문의와 상담하고 나서 어떻게 이 문제에 접근할 것인가를 결정하기로 했다.
 전문의는 아내의 청력을 진단하고 난 후에 처방을 할 수 있다면서, 우선 집에 가서 아내가 어느 정도의 거리에서 부터 못 알아듣는지 테스트를 해 보라고 했다.
 그 날 저녁 오정이는 아내가 부엌에서 저녁을 준비하는 것을 보면서, 곧 현관문에서부터 아내를 테스트하기로 했다.
 현관에 들어서며 오정이는 아내에게 물었다.

"여보! 오늘 저녁 뭐야?"

아내에게서는 아무 대답이 없자 몇 발자국을 더 걸어 응접실 입구에서 또 물었다.

"여보! 오늘 저녁 뭐야?"

그래도 아내는 아무 대답을 하지 않았다.

부엌 입구에까지 다가가서 오정이가 다시 물었다.

"여보! 오늘 저녁 뭐야?"

그래도 아내가 아무 대답을 하지 않자 오정이는 가슴이 너무 아팠다.

'아내의 귀가 이렇게 심각해지다니!'

미안함을 느낀 오정이가 천천히 아내 곁으로 다가가서, 아내의 등에 손을 살포시 얹으며, 최대한

부드럽고 다정한 목소리로 물었다.
 "여보! 오늘 저녁 뭐지?"
 그 때, 아내가 갑자기 휙 돌아서면서 확 쏘아붙이는 말!
 "도대체 내가 칼국수라고 몇 번 말해야 알아듣겠어요?"

처음 낳았을 때는

사오정은 치아가 너무 못생겨서 어릴 때부터 많은 놀림을 받았다.
견디다 못한 사오정이 엄마에게 사정을 했다.
"엄마! 치아 교정 좀 해 줘요. 제발요!"
"돈 없어. 그거 너무 비싸!"
"이게 다 엄마 때문이야. 엄마가 날 이렇게 낳았잖아!"
그러자 엄마가 하는 엽기적인 한 마디!
"이놈아! 너 낳았을 때는 그런 이빨 없었다!"

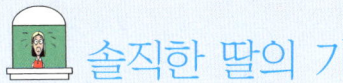 솔직한 딸의 기도

남편이 손님들을 식사에 초대했다.
식탁에 모두 둘러앉자 아내는 여섯 살 된 딸아이를 보고 말했다.
"오늘은 우리 예쁜 딸이 기도해 주겠니?"
"난 뭐라고 해야 하는지 모른단 말이야!"
딸애가 대답했다.
"엄마가 하는 소리 들었잖아. 그대로 하면 되는 거야."
그러자 딸은 고개를 숙이더니 화난 목소리로 기도하는 것이었다.
"오, 주여! 어쩌자고 이 추운 겨울날 사람들을 불러다가 식사를 대접하게 하셨나이까?"

중2와 중3

어느 날 한 스님이 목욕탕엘 갔다.
혼자 열심히 온몸을 다 씻었는데 등을 씻지 못했다. 혹시 등 씻어 줄 사람이 있을까 하고 목욕탕을 둘러보니 마침 박박 머리를 한 학생이 있길래,
"어이, 학생. 내 등 좀 밀어 봐."
학생이 내키지 않는다는 듯 말했다.
"아저씨! 아저씨는 누군데 나보고 등을 밀라 하십니까?"
"나 말이가? 나 중이야(中二)."
그러자 학생은 벌떡 일어나 스님 뒤통수를 치면서 말하는 것이었다.
"짜샤! 난 중삼(中三)이야!"

 두 바보

두 바보가 벽에 못을 박고 있었다.
한 바보가 못을 거꾸로 집어 들더니 말했다.
"얘, 이것 좀 봐. 못을 엉터리로 만들었어. 못을 거꾸로 만들어서 박을 수가 없단 말야!"
그러자 다른 바보가 나무라듯 말했다.
"야, 이 바보야! 그 못은 저 쪽 반대편 벽에 박는 거야."

건방진 세탁기

 오정이는 새해를 맞아 백수로서의 본분을 다하기 위해 가사일에 전념하기로 마음먹었다.

 청소도 하고 설거지를 하고, 마지막으로 세탁기를 돌리기로 했다.

 세탁기의 전원을 켜는 순간, 갑자기 세탁기가 삐삑거리면서 나불대는 것이었다.

 '에고~, 세탁기마저 백수라고 나를 무시하다니…!'

 열을 받아 세탁기를 한대 쥐어박고 뒤돌아서는데 요놈의 세탁기에서 이런 말이 들렸다.

 "뚜껑 열림…! 뚜껑 열림…!"

쪽지

한 아줌마가 백화점 주차장에 차를 세워 놓고 돌아와 보니 차가 박살이 나 있고 와이퍼엔 쪽지가 끼워져 있었다.

아줌마는 쪽지를 보고는 그대로 뒤로 넘어지고 말았다. 쪽지의 내용은 다음과 같았다.

"주차를 하려다 당신 차를 손상시켰습니다. 주변의 목격자들이 지금 이 쪽지를 쓰고 있는 나를 바라보고 있습니다. 그들은 분명 내 이름과 연락처를 적고 있다고 생각할 것입니다. 그럼, 이만…"

아하, 그렇구나

한 어린 소녀가 공원에서 비둘기에게 빵을 뜯어서 던져 주고 있었다.

언제나 세계 평화만 생각하는 아저씨 하나가 그 광경을 목격하고 진지한 목소리로 말했다.

"얘야, 지금 아프리카 같은 나라에서는 굶어 죽는 사람들이 한둘이 아니란다. 그런데, 너는 사람들도 못 먹는 빵을 새한테 던져 주고 있구나."

그러니까 소녀는 아저씨보다 몇 배나 더 진지한 목소리로 대답했다.

"아저씨! 저는 그렇게 먼 데까지는 빵을 못 던지는데요."

천생 연분

혼기에 접어든 한 남자가 있었다.

그의 이름은 '하철'이요, 성은 '지'이다. 그래서 붙여 부르면 '지하철'이다.

그가 어느 날 선을 보게 되었다. 선을 보러 나온 여자에게 자기 소개를 했다.

"안녕하세요. 제 이름은…, 지하철입니다."

그러자 그녀는 갑자기 웃음을 터뜨렸다.

남자가 왜 웃느냐고 묻자 그 여자 왈,

"실은 제 이름이 '이호선'이거든요."

 ## 예수님, 빗자루 좀

　어두운 곳을 몹시 무서워하는 아이가 있었다.
　어느 날 밤 엄마가 아이에게 뒷마당에 있는 빗자루를 가지고 오라고 시켰다.
　"엄마, 바깥은 지금 캄캄해서 무서워요."
　"뭐? 밖에는 예수님이 계신데 뭐가 무섭니? 널 지켜 주실 거야."
　"정말 밖에 예수님이 계세요?"
　"그럼, 그분은 어디에든 계신단다. 네가 힘들 때 널 도와 주신단다."
　그러자 아이가 잠시 생각하더니 뒷문을 살짝 열고 틈새로 말했다.
　"예수님, 거기 계시면 빗자루 좀 갖다 주실래요?"

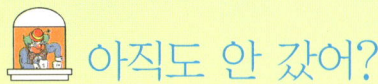 # 아직도 안 갔어?

거북이 세 마리가 김밥을 싸 가지고 산으로 소풍을 갔다.

그런데 김밥을 먹으려고 보니 물을 안 가져온 것이었다.

그래서 세 마리 거북이는 가위바위보를 해서 진 거북이가 물을 뜨러 가기로 했다.

결국 한 거북이가 졌다.

그 거북은 자기가 물 뜨러 간 사이에 나머지 두 마리 거북이가 김밥을 다 먹을까 봐 걱정이 되어 다짐에 다짐을 했다.

"너희들, 나 올 때까지 김밥을 절대로 먹지 마."

"알았어, 안 먹을게."

그러자 진 거북이는 물을 뜨러 떠났다.

나머지 두 마리 거북이는 물 뜨러 간 거북이를 기다렸다.

 한 시간 두 시간… 그래도 물을 뜨러 간 그 거북이가 오지 않았다.

 기다리다 지친 두 마리 거북이가 김밥 하나를 먹으려고 하는 순간, 물 뜨러간 거북이가 바위 뒤에서 나오면서 하는 말,

 "야, 너네들! 그런 식으로 나오면 나 물 뜨러 안 간다!"

반대편 열차를 잘못 타서

서울발 KTX 열차 기관사가 안내 방송을 했다.
"잠시 후 이 열차는 목적지인 부산, 부산역에 도착하겠습니다."
기관사의 안내 방송을 들은 승객들은 모두 자리에서 일어나 한바탕 난리 소동을 벌였다.
"광주로 갈 열차가 왜 부산으로 온 거요? 도대체 어찌된 일입니까?"
당황한 기관사가 KTX 열차에서 내려 옆에 붙은 행선지를 보고 말했다.
"내가 KTX 열차를 잘못 탔네!"

알파벳 유머

닭이 낳는 것은? – R
기분 잡칠 때는? – A
먹구름 뒤에는? – B
수박 속에 든 것은? – C
임신 후 낳는 것은? – I
몸에 들어가면 간지러운 것은? – E
코가 간지러우면? – H
모기의 밥은? – P
징그러운 꼬리를 가진 것은? – G
기발한 생각이 날 때는? – O
시작을 알리는 사인은? – Q
영국 사람이 즐겨 마시는 것은? – T
너, 당신을 뜻하는 단어는? – U

잘난 척할 때는? - M
없으면 궁하고 있으면 골치 아픈 것은? - N

아내와 다리미

어느 부부가 함께 매일 아침 차를 타고 출근을 했다.

하루는 갑자기 아내가,

"어머나! 어떡해, 전기 다리미를 안 끄고 나온 것 같아요."

남편은 놀라서 차를 돌려 집에 가 보니 전기 다리미는 꺼져 있었다.

다음 날 아내는 또 소리를 질렀다.

"오늘도 전기 다리미를 끄지 않은 것 같아요. 오늘은 확실해요."

남편은 혹시 집에 불이라도 날까 봐 집에 다시 돌아가 보니 또 다리미는 꺼져 있었다.

다음 날 출근을 하는데… .

"다리미를 끄고 나왔는지 기억이 안 나요? 어떡하지?"

그러자 남편이 차에서 내리더니 트렁크를 열고 말했다.

"여기 있네, 전기 다리미!"

생일 선물

평소 부부 싸움이 잦은 부부가 있었다.

남편은, 부부 싸움만 하면 이것저것 손에 잡히는 대로 마구 던지며 화를 자주 내는 사람이었다.

그런 남편의 생일이 다가오고 있어서, 아내는 선물을 사려는 열두 살배기 딸애를 데리고 쇼핑하러 갔다.

엄마가 딸애의 생각을 물었다.

"아빠가 요긴하게 쓸 수 있는 것을 생각해보렴."

그러자 딸애가 말했다.

"어떤 종류로요?"

엄마가 말했다.

"예를 들면 네 아빠가 글씨를 많이 쓰면 좋은 볼펜을 사면 되지, 독서를 많이 하면 책 한 권을 사

는 것도 좋고….”
그러자 딸애가 신이 나서 말했다.
"뭘 사면 좋을지 알았다!"
"다행이다! 뭐니?"
딸애는 으스대며 말했다.
"새 TV 리모컨 하나 사 드리면 돼요!"

셈이 밝은 할아버지

어느 시골 할아버지가 택시를 탔다.

목적지에 도착하자 요금이 만 원 나왔다.

그런데 할아버지는 요금을 7,700원만 주는 것이 아닌가.

택시 기사가 황급히 말했다.

"할아버지, 요금은 만 원입니다."

그러자 할아버지가 택시 기사에게 가까이 다가와 씨익 웃으면서 말했다.

"2,300원부터 시작한 것 내가 다 봤다, 이눔아!"

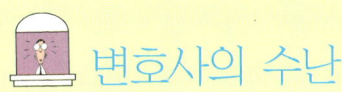 변호사의 수난

　선생과 도둑, 그리고 변호사가 갑작스런 교통 사고로 동시에 사망하였다.
　그들이 죽어 천국 문에 다다랐다.
　천국이 만원이었기 때문에 부득이 베드로가 그들에게 질문을 하여 통과한 자만이 천국에 들어가도록 하였다.
　선생에게 먼저 질문을 하였다.
　"북극해에서 침몰한 유명한 선박 이름은?"
　"그건 매우 쉽군요. 타이타닉입니다."
　"좋아, 통과!"
　다음으로 도둑에게 질문했다.
　"타이타닉 사고로 몇 명이 사망했지?"
　"그건 좀 어렵지만, 다행히 얼마 전에 영화를 봐

서 알지요. 1,500명입니다."
도둑 역시 통과하였다.
마지막으로 변호사 차례였다.
베드로가 물었다.
"그들의 이름은?"
"네?! 으악!"
변호사는 그 자리에서 쓰러져 버렸다.

운전기사가 된 오정이

 오정이가 운전하는 시내 버스에 예쁜 아가씨가 버스에 탔다.
 "아저씨, 이 버스 어디로 가나요?"
 오정이가 미소를 지으며 친절하게 대답했다.
 "앞으로 갑니다."
 "네? 그럼 여기가 어디죠?"
 "차 안입니다."
 화가 난 그녀가 빽 소리를 질렀다.
 "아저씨, 지금 장난하는 거예요?"
 '고객은 왕'이라는 사명을 가지고 오정이는 정중하게 대답하였다.
 "운전합니다."

 싸움에 진 이유

　어린 맹구가 두 눈이 시커멓게 멍들어 집에 돌아왔다.
　이를 본 맹구 엄마가 소리쳤다.
　"또 싸웠구나! 엄마가 뭐랬어? 화가 나면 꼼짝 말고 100까지 세면서 참으랬잖아!"
　그러자 맹구가 대답했다.
　"난 100까지 셌단 말이야. 그런데 그 아이는 엄마가 50까지만 세라고 했다잖아!"

 뒤늦은 신고

소년 : 빨리 오세요, 어떤 사람이 30분이 넘도록 우리 아빠와 싸우고 있어요.
경찰 : 왜 진작 알리지 않았니?
소년 : 조금 전까지만 해도 우리 아빠가 이기고 있었단 말이에요.

구멍난 벽

변호사는 거짓 증언을 하는 증인의 허점을 잡은 것으로 확신하고 신문을 했다.
"담이 여덟 자나 된다고 했습니다. 그리고 증인은 지상에 서 있었고…."
변호사의 목소리가 한층 더 커졌다.
"그렇다면 키가 다섯 자밖에 안 되는 증인이 어떻게 여덟 자나 되는 담 너머에 피고가 한 행동을 목격할 수 있었을까요? 그게 과연 가능한지 설명해 보세요."
그러자 증인이 대답했다.
"담에 구멍이 하나 나 있었습니다!"

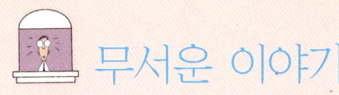 무서운 이야기

아주 먼 옛날, 어떤 산 위에 동굴이 하나 있었다.
그런데 그 동굴 안의 샘물을 먹으면 영원히 죽지 않는다고 했다.
이 소식을 들은 바보 삼 형제가 이 샘물을 마시러 가기로 했다.
그런데 이 샘물을 먹으러 가려면 한 가지 약속이 필요했다.
동굴 안에서는 말하면 죽는다는 것이었다.
드디어 바보 삼 형제는 동굴까지 갔다.
"애들아, 여기서 말하면 죽어. 말하면 안 돼."
말을 마친 큰 형은 그 자리에 쓰러져 죽었다.
이 말을 들은 둘째가,
"그것 봐! 입 뚝! 말하면 죽잖아!"

하고 죽었습니다.

　셋째가 "나만 살았다!"
하고 죽었습니다.

　바보 삼형제가 돌아오지 않자 동네 사람들이 동굴로 찾아나서기로 했다.

　그리고 동굴 안에서는 말하면 안 된다는 것을 서로 당부했다.

　드디어 동굴에 들어갔다. 이장 아저씨가,
　"여러분, 여기서 말하면 죽습니다"
하고 죽었다.

　동네 사람들은 이장의 말에 모두 한 목소리로,
　"예."
하여 모두 죽었다고 전해 내려온다.

영리한 죄수

외부의 모든 편지는 검열을 받는 교도소의 죄수가 아내에게서 편지 한 통을 받았다.

"당신이 없으니 너무 힘들어요. 밭에 감자를 심고 싶은데, 일할 사람이 없어요."

아내의 편지를 받고 죄수는 이렇게 답장을 써서 보냈다.

"여보, 우리 집 텃밭은 어떤 일이 있어도 파면 안 돼요. 거기에 내가 총과 많은 금괴를 묻어 놓았기 때문이오."

며칠 후 아내에게서 편지가 왔다.

"여보, 큰일났어요. 수사관들이 여섯 명이나 들이닥쳐서 다짜고짜 우리 텃밭을 구석구석 파헤쳐 놓았어요."

죄수는 즉시 답장을 써 보냈다.
"그럼 됐소. 이제 땅이 파헤쳐졌으니 서둘러 감자를 심도록 하오."

기절한 지렁이

지렁이가 63빌딩을 1층당 1년씩 63년 동안 올라갔다.

옥상에 가서 너무 기쁜 나머지 침을 퉤~! 하고 뱉었는데 그만, 밑에 지나가던 굼벵이 머리에 맞고 말았다.

굼벵이가 기분이 상해서 63빌딩 옥상을 보면서 외쳤다.

"야, 이 새끼야. 너 당장 내려와!"

그래서 지렁이는 63년 동안 내려갔다.

1층에 도착해서 굼벵이를 만났더니, 굼벵이가 하는 말!

"너, 옥상으로 따라와!"

놀부의 시계

놀부가 죽어서 천국으로 갈지 지옥으로 갈지 정하는 곳에 왔다.

놀부가 이리저리 둘러보니 온통 여기저기 시계가 잔뜩 보이는 것이었다.

"여긴 왜 이렇게 시계가 많죠?"

안내원이 친절하게 대답해 주었다.

"저 시계들은 자신이 나쁜 일을 많이 하면 할수록 빨라지는 시계예요."

그 말을 듣고 놀부는 자신의 시계를 찾아보았는데 아무리 찾아도 보이지 않았다.

놀부는 의아한 마음으로 안내원에게 물었다.

"저는 나쁜 일을 하나도 안 해서 저의 시계가 없나 보죠?"

안내원의 대답,
"놀부님 것은 너무 빨리 돌아서 옥황 상제님 선풍기로 쓰고 있는데요?"

큰스님의 선문답

큰스님이 말하기를,
"다들 모였느냐? 오늘은 너희들 공부가 얼마나 깊은지 알아보겠다. 새끼 새 한 마리가 있었느니라. 그것을 데려다가 병에 넣어 길렀도다. 그런데 이게 자라서 병 아가리로 꺼낼 수 없게 되었는데 그냥 놓아 두면 새가 더 커져서 죽게 될 것이고 병도 깰 수 없느니라. 자, 이제 새를 구할 방법을 말해 보거라. 새도 살리고 병도 깨지 말아야 하느니라. 너희들 대답이 늦으면 늦을수록 새는 빨리 죽게 된다. 자, 빨리 말해 보거라."
이에 제자들 중 한 명이 대답하기를,
"새를 죽이든지 병을 깨든지 둘 가운데 하나를 고르는 수밖에 없습니다."

그러자 큰스님 대노하여 왈,
"미친 놈, 누가 그런 뻔한 소리를 듣자고 화두를 던진 줄 아느냐?"
이에 다른 제자가 다시 대답하기를,
"새는 삶과 죽음을 뛰어넘어서 피안의 세계로 날아갔습니다."
그러자 큰스님이 어이없다는 말투로,
"쯧쯧쯧, 네놈도 제 정신이 아니구나."
이에 또 다른 제자 한 사람이 대답하기를,
"병도 새도 삶도 죽음도 순간에 나서 찰나에 사라집니다."
그러자 큰스님, 더 이상 참을 수 없었는지,
"보기 싫다, 네 놈도 썩 사라지거라!"

몇 남지 않은 제자 가운데 한 이가 대답하기를,
"새는 병 안에도 있지 않고, 병 밖에도 있지 않습니다."
그러자 큰스님이 말하기를,
"너도 뜬구름 잡는 소리를 하고 자빠졌구나."
이에 제자들이 이구 동성으로 성토하기를,
"큰스님, 저희들은 도저히 모르겠습니다. 도대체 답이 있기나 합니까?"
"암, 있지. 있고말고, 나무아미타불…."
제자들이 큰스님에 청하여 여쭙기를,
"큰스님, 도대체 답이 무엇이옵니까?"
그러자 큰스님이 단호한 어조로 말하기를,
"간단하다, 가위로 자르면 되느니라."

뜻밖의 말에 모두 어리둥절해하고 있는데 큰스님이 하는 말!
"패트병이었느니라, 관세음보살."

신앙심 자랑

부인 세 사람이 차례로 자기 아들의 신앙심을 자랑했다.

부인 1 "내 아들은 신부처럼 신앙심이 깊다고 친척들이 칭찬해요."

부인 2 "아, 그래요? 우리 아들은 추기경같이 신앙심이 좋다고 주변에서 칭찬이 자자해요."

부인 3 "그러세요? 내 아들은 인기 만점 댄서인데 하느님 뜻대로 베풀기를 잘 해서 무대나 방송에 나가기만 하면 사람들이 일제히 '오 마이 갓(오, 신이시여)!' 이라고 외친답니다."

 치과에서

한 손님이 치과를 찾았다.
"이 하나 빼는 데 얼마지요?"
"네, 5만 원입니다."
의사의 말에 손님이 얼굴을 찌푸리며 말했다.
"아니, 단 일 분도 안 걸리는 데 그렇게 비싸요?"
그러자 의사 선생님이 하는 말,
"원하시면 천천히 빼 드릴 수도 있어요."

 죽지 않은 이유

 가정 불화로 일가족 세 명이 63빌딩 꼭대기에서 함께 투신해 죽기로 했다.
 셋은 동시에 뛰어내렸으나 아무도 죽지 않았다.
 이유는?
 아버지는 제비였고,
 어머니는 치맛바람이 센 여자였고,
 아들은 비행 청소년이었기 때문이다.

엄마가 얼마나 속 썩였으면

개구쟁이 아들의 심한 장난에 골치를 앓던 엄마가 야단을 쳤다.
"제발 속 좀 그만 썩여라! 너 때문에 엄마가 늙어요, 늙어!"
그러자 아들이 '헤헤!' 웃으며 말했다.
"엄마, 엄마는 할머니 속을 얼마나 썩였기에 할머니가 저렇게 늙으셨어요?"

애국심 강한 원숭이

 춤을 사람처럼 아주 멋들어지게 잘 추는 원숭이가 있었다.
 어찌나 잘 추는지 그 원숭이의 춤을 한 번이라도 본 사람은 돈을 내지 않고는 못 배길 정도였다.
 그래서 원숭이 주인은 그 원숭이를 이용하여 생계를 유지할 수 있었다.
 그러던 어느 날, 구름같이 몰려든 관중 속에서 신나게 춤을 추던 원숭이가 '헬로 미스터 멍키'라는 팝송으로 음악을 바꾸자 갑자기 춤을 멈추더니 '차려' 자세로 서 있는 게 아닌가?
 "왜, 왜 그래?"
 당황한 원숭이 주인이 원숭이에게 다가가서 물었다.

그러자 원숭이는 주인에게 한심하다는 표정을 지으면서 이렇게 말했다.
"너는 애국가 나올 때도 춤추냐?"

문 열렸어요!

　추운 겨울 날 어느 고등 학교 수업 시간.
　화장실을 다녀온 영어 선생님이 급하게 수업 시간에 들어왔다.
　급하게 온다고 바지 지퍼를 내린 상태로 교실에 들어왔는데 학생들이 깔깔 웃고 야단이었다.
　이 때 용감한 학생 한 명이 큰 소리로 말했다.
　"헤헤, 선생님 문 열렸어요!"
　그러자 선생님이 하는 말,
　"야!~ 맨 뒤 학생 나와서 문 닫아!"

뭘 도와 줄까?

  목사가 어느 집 앞을 지나가다가 키가 작은 아이가 제 키보다 훨씬 높이 달려 있는 초인종을 누르려고 낑낑거리는 모습을 보았다.
  보다 못한 그는 우아한 폼으로 아이를 안아 올려 초인종을 아주 길게 누르게 해 주었다.
  그러고는 아주 인자한 미소를 지으며 물었다.
  "이제 또 무엇을 도와 드릴까요, 꼬마 신사님?"
  그러자 아이가 다급하게 소리쳤다.
  "튀어요!"

이럴 수가!

사오정이 차를 주차하고 은행에 들어갔다.
"속도 위반 벌금 내러 왔습니다."
그러자 은행 창구 아가씨는
"번호표를 뽑아 오세요."
"알았어요."
대답을 한 사오정은 곧 밖으로 나갔다.
조금 후, 사오정이 들어와 은행원에게 뭔가를 내밀었다.
"아니!"
은행원은 너무 놀라 입을 다물 수가 없었다.
사오정은 자신의 자동차 번호판을 떼 온 것이었다.

막차에서 내린 사람

두 남자가 술에 취한 상태에서 지하철을 탔다.

둘은 다정스럽게 얘기를 하다가 그만 사소한 일로 말다툼을 시작했다.

결국 언성을 높이고 멱살을 잡는 사태로까지 발전하게 되었다.

한 남자가 분에 못 이겨서, '내려서 결판을 보자!'고 했다.

지하철 승객의 모든 시선은 두 남자에게 집중되었다. 잠시 후 열차가 다음 역에서 정차하자 한 남자가 급히 내렸다.

그리고 다른 남자에게 빨리 내리라고 고함을 쳤지만 그 사람은 내리지 않고 열차는 떠났다.

이런 광경을 지켜본 승객의 시선은 열차에 남은

남자에게로 쏠렸다.

그러자 그 남자, 여유 있는 미소를 지으며 한마디 했다.

"바보! 이게 막찬데…."

잘못된 영어 교육

아버지와 아들이 텔레비전을 보고 있었다. 그런데 '헤드라인 뉴스'를 하는 것이다.
아들이 물었다.
"아빠… 헤드가 뭐야?"
"응~ 머리라는 뜻이야…."
아들은 또 물었다.
"그럼, 라인은 뭐지?"
"선…."
아들은 마지막으로 물었다.
"헤드라인은?"
아버지가 대답하기를…,
"가르마!"

여기서도

  부모님과 친구들에게 항상 무시만 당하는 사람이 있었다.
  이대로는 살 수 없다는 생각에 무시맨은 점쟁이 집을 찾았다.
  "모든 사람들이 제가 하는 말도 듣지 않고, 항상 무시만 당하는데 어떡하면 되죠?"
  무시맨의 말이 다 끝나기도 전에 점쟁이는 고개를 문 쪽으로 돌리며 말했다.
  "다음 분…!"

사투리 때문에

경상도 사투리를 심하게 쓰는 한 남자가 식당에서 국밥을 먹고 있었다.

이 남자가 국밥을 먹다 말고 큰 소리로 아줌마를 불렀다.

"아지메요, 대파 주이소."

식당 아줌마는 약간 못마땅한 표정으로, 대파를 한 움큼 썰어, 국밥 그릇 위에 얹어 주었다.

그런데도 이 남자는 또 아주머니를 불렀다.

"아니고~ 대파 주라니까예."

그러자 식당 아줌마는 짜증난 목소리로 말했다.

"대파 드렸잖아요. "

순간 당황한 남자가 천천히 말했다.

"아지메! 그기 아니고예… 데~워 주이소."

여기는…

　시골 부인이 난생 처음 특급 호텔에서 하룻밤을 묵게 됐다.
　그 부인, 벨보이에게 안내를 받는데 뭔가 이상하다고 느꼈다.
　"이 봐요! 날 뭘로 보는 거예요? 시골에서 왔다고 무시하는 거예요? 난 분명히 돈을 냈다고요. 그런데 이렇게 비좁고 지저분한 방을 줘도 되는 거요?"
　잠자코 있던 벨보이가 공손히 말했다.
　"손님, 여긴 엘리베이터 안입니다."

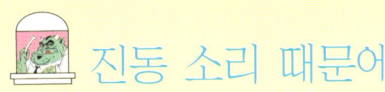 진동 소리 때문에

귀엽게 생긴 아가씨가 있었다.
그런데 그 아가씨에게 한 가지 소원이 있었다.
극장에 가 보는 것인데 다들 짝끼리 가기 때문에 가 보지 못했다.
어느 날 용기를 내어 극장에 가 보기로 하였다.
남들 다 하는 팝콘도 큰 것으로 사고, 콜라도 제일 큰 것으로 사서 폼을 잡고 영화관에 들어갔다.
한참을 영화에 빠져 있는데 갑자기 속이 '우르르' 거리며 방귀가 나오려 했다.
참으려고 해도 도저히 참을 수가 없었다. 그래서 애써 힘을 조절해 가며 조금씩 발산하기 시작했다.
"두두~두두 ~두루룩~!!"
속으로 '후유, 인제 살았다'고 안도의 한숨을 내

쉬는데, 뒤에서 톡톡 치면서 작게 하는 말,
 "저기요~ 휴대폰 좀 꺼 주심 안 되나요? 진동 소리 때문에 소리가 잘 안 들려서요."

 휘파람의 뜻

오정이의 아들 오돌이가 처음으로 유치원에 들어갔다.

선생님이 신입생들에게 말했다.

"소변이 보고 싶으면 조용히 선생님께 '휘파람이 불고 싶어요.' 그러세요."

그 날 밤에 오정이 옆에서 잠을 자던 오돌이가 소변이 보고 싶었다.

그래서 아버지에게 말했다.

"아빠, 휘파람이 불고 싶어요."

"밤중에 휘파람을 불면 사람들이 욕하는 거야. 어서 자거라."

오돌이는 할 수 없이 이불을 뒤집어쓰고 잠자리에 누웠다.

한참을 누워 있던 오돌이는 도저히 참을 수 없어 아빠에게 말했다.
"아빠, 너무너무 휘파람이 불고 싶어요."
그러자 오정이는 자기의 귀를 아들 쪽으로 내밀며 말했다.
"여기다 살짝 불어!"

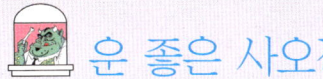 운 좋은 사오정

어느 날 오정이의 집에 강도가 들었다.
"난 널 죽일 수도 있어. 하지만 내가 말하는 문제를 10초 안에 맞히면 목숨만은 살려 주지."
오정이는 두 손을 싹싹 비비며 사정했다.
"제발… 살려 줘!"
강도는 무서운 표정으로 말했다.
"우리 나라 삼국 시대에 있었던 세 나라의 이름이 무엇이지?"
"엉…?"
오정이가 그것을 알 리가 없었다.
강도는 10초를 세어 나갔다.
"10! 9! 8! 7!…."
시간이 1초 정도 남았을 무렵 강도는 칼을 뽑아

들었다.

하얗게 질린 오정이가 소리쳤다.

"으악! 배쩨실라고그려?"

그 순간 강도의 눈이 커지더니 칼을 도로 내리며 말했다.

"엥?! 대단한데?"

그래서, 오정이는 살았다.

(강도는 오정이가 한 말을 '백제·신라·고구려'로
들었기 때문)

 걱정 마!

털 없는 개와 털 많은 개가 어느 겨울날 만났다.
털 많은 개가 거만하게 말했다.
"헤이! 넌 털이 없으니 정말 춥겠다."
그러자 털 없는 개 왈,
"하하, 걱정 마. 난 뒤집어 입었거든!"

 오정이의 깊은 뜻

 오돌이가 교회에 늦게 도착하자 목사님이 무슨 일이 있느냐고 물었다.
 "아빠를 따라서 낚시를 가려고 했는데 아빠가 저 보고 교회에 가라고 했어요."
 목사님은 대단히 감동하여 다시 물었다.
 "그래, 정말 훌륭한 아버지시구나. 아빠가 왜 교회에 가야 하는지에 대해서도 말씀해 주셨니?"
 "네, 낚시 미끼가 두 사람분이 안 된대요."

 # 일병의 임무

사단장이 소대를 방문했다.
병영은 깔끔했으며 병사들은 사기가 높았다.
만족스러운 얼굴로 소대를 둘러보던 사단장이 한 일병에게 다가가 임무를 물었다.
그러자 일병이 큰 소리로 대답했다.
"네! 제 임무는 낙엽 긁는 일입니다."
사단장이 기가 막혀 다시 물었다.
"그게 아니라, 전시에는 뭘 하느냐 말이다!"
일병이 더 큰 소리로 대답했다.
"넷! 낙엽을 더 빨리 긁겠습니다."

경찰관에게 한 질문

오돌이가 학교를 갔다가 집으로 오는 길에 보니 횡단 보도의 중간쯤에 경찰 아저씨가 호루라기를 불며 서 있었다.

신호가 바뀌기를 기다리고 있는데, 오돌이가 뽀르르 달려가 경찰 아저씨 옆에 섰다.

드디어 신호가 바뀌고 길을 건너는데, 오돌이가 경찰관 아저씨에게 물어 보는 것이었다.

"아저씨, 뭐 좀 물어 봐도 돼요?"

"응, 뭐든지 물어 보렴."

친절한 경찰 아저씨의 말에 용기 백배한 오돌이가 경찰 가슴 언저리에 있는 새 모양의 배지를 가리키며 하는 말,

"아저씨, 이 새가 짭새예요?"

1억을 하루에 버는 법

오정이가 요즘 한창 인기 있는 재테크 서적 코너를 찾아갔다.

그러나 그가 찾는 책이 눈에 띄지 않았다.

오정이는 한동안 찾다가 여점원에게 물었다.

"아가씨, '1억을 하루에 버는 방법'이란 책 여기 있어요?"

여점원이 오정이를 흘낏 쳐다보더니 창고에서 책을 하나 들고 와 내밀었다.

"여기 있어요, '1억을 하루에 버는 방법' 맞죠?"

오정이는 믿기지 않는다는 듯이 책을 받아들고 감탄했다.

"와! 이거 진짜예요? 1억을 하루에 번다는 게?"

그러자 여점원은 뒤에 숨기고 있던 책을 마저 내

밀며 이렇게 말했다.
 "여기 그 책의 부록이 있어요. 부록을 꼼꼼히 살펴보셔야 해요."
 여직원이 내민 부록의 이름은 '감옥에서 심심찮게 보내는 365가지 방법'이었다.

 답의 차이

어떤 회사에 취직하려는 두 사람이 시험을 치르게 되었다.

시험 결과 두 사람 모두 한 문제만 틀리고 다 맞았다.

관리자가 합격자 결정을 내린 다음, 불합격 대상 응시자에게 가서 말했다.

"우리 회사에서는 저분을 쓰기로 했습니다."

통보를 받은 응시자가 따졌다.

"왜요? 둘 다 아홉 문제를 맞혔는데…."

"저는 답을 쓰지 못한 문제를 가지고 결정을 내렸어요."

"아니, 답을 쓰지 못한 사실에 어떤 차이가 있다는 거죠?"

"저분은 5번 문제에 '모르겠다'라고 썼고, 당신은 '나도 모르겠다'라고 썼기 때문이지요."

 변 명

  공처가로 소문난 오정이네 집에 옆집 친구가 놀러 왔다. 그 친구는 오정이가 앞치마를 빨고 있는 것을 보았다.
  "한심한 친구로군! 마누라 앞치마까지 빨아 주고 있잖아."
  "아냐, 이건 마누라 것이 아니고 내 앞치마야."

자아 도취

세상에서 가장 이쁜 사람을 한 자로 줄이면?
'나.'
세상에서 가장 이쁜 사람을 두 자로 줄이면?
'또 나.'
그럼 석 자로 줄이면?
'역시 나.'
이번에는 넉 자로 줄이면?
'그래도 나.'
그럼 다섯 자로 줄이면?
'다시 봐도 나.'

무얼 보다가

카지노에서의 일이다. 기막히게 예쁘고 잘 빠진 아가씨 하나가 주사위 게임 테이블로 다가왔다.

"5백만 원을 걸겠어요!"

여자는 돈을 테이블 위에 놓았고 딜러가 주사위 두 개를 여자에게 주었다. 그러자 여자가 말했다.

"좀 편한 상태로 주사위를 굴리고 싶어요."

그러더니 옷을 하나씩 벗기 시작했다.

외투를 벗고, 바지를 벗고, 티셔츠를 벗고, 팬티와 브래지어까지 벗어 테이블 위에 얹어 놓더니 주사위를 굴렸다.

"얍!"

그러더니 팔짝팔짝 뛰며 소리를 쳤다.

"와! 맞았다! 만세!"

그러면서 주사위와 돈과 옷가지를 집어들고는 뛰어나갔다.

멍하니 여자만 쳐다보던 딜러가 정신을 차리고 사람들에게 물었다.

"누가 주사위 숫자가 몇인지 본 사람 없어요?"

그것도 모르냐?

  시골 사는 할머니가 면사무소에 주민 등록증을 만들러 갔다.

직 원 : 할머니, 혈액형이 뭐예요?
할머니 : 이봐라, 혈액형이 뭐꼬?
직 원 : 피 말이에요, 피.
할머니 : 아~ 난 또 뭐라꼬.
직 원 : 아세요?
할머니 : 이년아, 그것도 모르는 사람도 다 있나?
직 원 : 뭔데요?
할머니 : 난 빨간 피다. 와, 어쩔래?

큰일난 마을

충청도 어느 조용한 마을에 때 아닌 비가 쉴 새 없이 계속 내리자 이장이 주민들에게 안내 방송을 했다.

"여러분, 이장이유. 시방 비가 X나게 내리는구먼유…."

이튿날, 어제보다 비가 더 내리자 이장은 다시 방송을 했다.

"여러분, 어제 내린 비는 X도 아니구만유…."

다음 날은 온 마을이 잠길 정도로 많이 왔다.

이장은 비장한 목소리로 마지막 방송을 했다.

"여러분, 이제 우리 동네는 X됐슈."

뻐꾸기가 된 공처가

술을 잔뜩 마시고 늦게 귀가한 어떤 공처가가 다음날 동료들에게 간밤의 이야기를 들려 주었다.
"어젯밤 정말 큰일날 뻔했어."
"왜? 무슨 안 좋은 일이라도 있었던 거야?"
"내가 새벽에 들어갔더니 글쎄 침대에서 자고 있던 마누라가 몇 시냐고 묻잖아. 그래서 이제 10시밖에 안 됐다고 얼버무렸지. 그런데 때마침 뻐꾸기 시계가 '뻐꾹, 뻐꾹, 뻐꾹' 하고 세 번만 우는 거야."
"그래서 어떻게 했어?"
"급한 김에 어떻게 해. 잽싸게 시계 밑으로 가서 나머지 일곱 번은 내가 울었지, 뭐."

 습관

수업 시작 종이 울리고 선생님이 들어오시자 한 학생이 손을 번쩍 들고일어났다.
"선생님! 저 화장실 좀 다녀오겠습니다."
"그래, 다녀와라. 그런데 넌 쉬는 시간에는 뭘 하고 지금 화장실에 가니?"
"선생님! 저는 집에서도 자기 전에 화장실에 다녀오는 습관이 있거든요."

 보통의 반대

중국집 아들이 학교에서 시험을 보고 왔다.
엄마 : 아가~ 오늘 시험은 잘 봤어?
아들 : 네~ 한 문제 틀리고 다 맞았어요.
엄마 : 어, 그래? 문제가 뭐였는데?
아들 : '보통의 반대는 무엇인가?' 였어요.
엄마 : 어려운 문제는 아닌데? 뭐라고 썼는데?
아들 : 곱빼기!

바닷물이 짠 이유

 땀을 뻘뻘 흘리며 집에 돌아온 맹구에게 동생이 물었다.
 "형! 물고기도 땀 흘려?"
 더위에 지친 맹구는 대꾸도 하지 않고 방으로 들어왔다.
 동생이 방에까지 졸래졸래 따라 들어와 다시 한 번 물었다.
 "형, 말 좀 해 봐. 물고기도 땀을 흘리냐구!"
 그러자 맹구가 휙 돌아서며 귀찮다는 듯 말했다.
 "당연하지, 이 바보야! 그렇지 않으면 바닷물이 왜 짜겠냐?"

 한 지붕 밑

어느 날 여러 기록들을 조사하던 교도관이 수감 이후 아무도 면회를 와 준 적이 없는 죄수가 있다는 사실을 알았다. 마음에 걸리는 일이었으므로 교도 소장에게 보고하고 소장은 그 죄수를 불러다가 물었다.

"알고 보니 당신이 이 곳에 온 후로 찾아 준 사람이라고는 아무도 없던데, 가족이나 친구들이 없나요?"

대답은 너무도 간단했다.

"염려해 줘서 고맙습니다만 걱정할 것 없습니다. 식구들과 친구들이 죄다 여기 와 있으니까요."

혀 짧은 오돌이

혀가 짧은 오돌이가 친구와 초원 갈비에서 만나기로 했다.

초원 갈비가 어디에 있는지 몰라서 오돌이는 먼저 114에 전화를 했다.

"네, 무엇을 안내해 드릴까요?"

"초원 갈비요."

"네, 소원 갈비 말씀이십니까?"

오돌이가 초원 갈비로 정정하려고 했는데 바로 전화 번호로 넘어가 버렸다.

하는 수없이 오돌이는 다시 전화를 했다.

그런데 이번에도 소원 갈비를 연결해 주는 것이 아닌가.

오기가 생긴 오돌이는 다시 전화를 해서,

"초원 갈비요! 초록색 할 때 초! 소원 할 때 원!"
하고 고함을 쳤다.
그런데, 또 다른 동네로 연결되어 버렸다.
너무 화가 난 오돌이는 다시 전화를 했다.
"네, 고객님, 안녕하십니까?"
"안녕 못해!!"
그러자 상담원이 하는 말,
"네네, 안녕 모텔 말씀이십니까?"

젊어지는 엘리베이터

사람이 많이 살지 않는 시골에서 평생을 살아 온 한 가족이 생전 처음으로 대도시에 있는 백화점에 가게 되었다.

아내가 화장품 매장에서 넋이 빠져 있는 동안, 남편과 아들은 신기한 철문 앞에서 두 눈을 커다랗게 뜨고 그 철문만 하염없이 바라보고 있었다.

이 신기한 철문은 저절로 열리고 닫히기를 반복했다.

아들이 물었다.

"아빠, 저게 뭐야?"

그러자 아빠가,

"아들아, 나도 생전 처음 본단다."

그 때 못생기고 뚱뚱하고 늙은 노파가 철문 안으

로 들어갔다.

그러자 철문이 저절로 닫혔다.

아들과 아빠는 닫힌 철문만 뚫어져라 쳐다보고 있었다.

철문 위에는 1, 2, 3, 4 하는 식으로 숫자가 깜빡거리며 불이 켜졌다.

숫자가 1까지 내려오자 철문이 열렸다.

그리고는 몸매가 날씬한 너무나도 아릅답고 젊은 여자가 걸어 나오는 것이었다.

아빠가 갑자기 아들에게 다급히 말했다.

"당장 가서 엄마 데리고 와!"

그 때 잡지

유치원에서 경찰서로 견학을 갔다.

아이들이 벽에 붙어 있는 현상 수배범들의 사진을 보고 한 아이가 선생님에게 물었다.

"선생님, 경찰 아저씨들이 저 사람들을 찾고 있나요?"

"그렇단다."

그러자 한 아이가 잠시 생각하더니 물었다.

"그럼, 저 사진을 찍을 때 왜 안 잡았대요?"

가장 높은 집

어느 날 학교에서 아이들끼리 누구네 집이 가장 높은지를 자랑했다.
"우리 집은 18층이다."
"우리 집은 30층이다."
산동네에 살고 있던 영구가 가만히 듣고 있다가 한마디 했다.
"너희들, 약수터에 물 뜨러 내려가야 하는 집 봤어?"

태평스러운 주인

밤새껏 짖어대는 개 때문에 잠을 설친 이웃이 아침에 개 주인에게 언짢게 말했다.
"아니, 댁의 개가 밤새도록 짖어대는 것을 아십니까?"
태평스런 개 주인은 선뜻 대답했다.
"예, 걱정 마십시오. 우리 개는 그 대신 낮에는 푹 쉬니까요."

밤에 해 보셨어요?

　신혼 여행을 마치고 온 선생님의 첫 수업 시간이다.
　학생들의 눈이 똘망똘망,
　학생 1 : 선생님! 질문할 게 있어요.
　선생님 : 그래, 해 봐!
　학생 1 : 저… 선생님, 밤에 해 보셨어요?
　선생님 : (당황하며) 뭐라고?
　학생 1 : 밤에 해 보셨냐고요?
　모든 학생들의 눈이 빤짝거린다.
　선생님 : (시선을 피하며) 으응…. (목소리를 깔며) 해 봤어.
　학생들 : (이상하다는 듯이) 우린 달이나, 별밖에 못 봤는데….

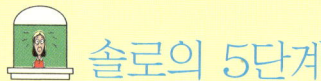
솔로의 5단계

1. 설마기
아직은 솔로가 자유롭게 느껴진다.
상황을 잘 파악하지 못하고 '운명적인 사랑'을 철석같이 믿고 있다.
내가 찍은 사람도 친구가 원한다면 밀어 준다.

2. 아차기
정신 차려 보니 20대 후반.
폭탄만 아니라면 된다는 생각에 불안해진다.
소개팅이나 미팅이라는 말만 나와도 미친다.

3. 분노기
커플들이 미워지기 시작한다.

둘이 손잡고 가는 모습만 봐도 그 사이로 지나가 손을 떼어 놓고 싶다.

4. 명랑기
갑자기 명랑해진다.
너무 울다가 실성해서 웃는 것과 같다.
혼자서 영화보기나 혼자서 음악듣기 등 혼자놀기의 진수를 보여 준다.
행여나 버스 옆자리에 이성(異性)이 앉으면 불안해진다.

5. 득행기
차분해진다. 자신의 문제점을 알고 부질없는 노력을 거둔다.

아직도 상황 파악 못하고 운명적 사랑을 기다리는 어리석은 솔로들에게 나아갈 길을 제시한다.

주말마다 결혼식 가서 뷔페를 먹으며 커플들을 애도한다.

 교수의 반응

학생 둘이 싸우고 있었다.

경영학과 교수 : 쯧쯧, 돈 안 되는 녀석들.
의류학과 교수 : 옷 찢어질라.
행정학과 교수 : 경찰 불러!
응용통계학과 교수 : 일주일에 한 번 꼴이니….
아동학과 교수 : 애들이 보고 배울라….
신방과 교수 : 남들이 보고 있다는 걸 모르나?
중문과 교수 : 초전박살! 임전무퇴!
신학과 교수 : 회개하고 기도합시다.
식물학과 교수 : 박 터지게 싸우네.
축산학과 교수 : 저런 개새끼들!
법학과 교수 : 너희들 다 구속감이야!

사진과 교수 : 너희들 다 찍혔어.
식품영양학과 교수 : 뭘 먹었기에 저러지?
광고학과 교수 : 여러분~ 저 녀석들 좀 보세요!
미생물학과 교수 : 저런 썩을 놈들을 봤나~.

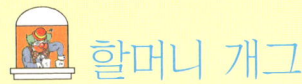
할머니 개그

할머니 두 분이 지하철에 타셨다.
자연스럽게 노약자석을 점령하고 앉으셨다.
그 때 할머님이 입을 여셨다.
할머님 1 : 여자가 50대가 되면 어떻게 되는 줄 알어?
할머님 2 : 몰러~.
할머님 1 : 이쁜 년이나 못생긴 년이나 마찬가지야. 이 나이에 어딜 가서 뭘 해?
잠시 뒤 할머니가 또 입을 여셨다.
할머님 1 : 여자가 60대가 되면 어떻게 되는 줄 알어?
할머님 2 : 몰러~.
할머님 1 : 배운 년이나 안 배운 년이나 마찬가지

야. 늙으면 다 까먹지.
순간 지하철은 피식 웃음이 터져 나왔다.
잠시 뒤 할머니가 또 입을 여셨다.

할머니 1 : 여자가 70대가 되면 어떻게 되는 줄
　　　　　알아?

할머니 2 : 몰러~.

할머니 1 : 돈 많은 년이나 없는 년이나 마찬가지
　　　　　야. 저승에 싸 짊어지고 가?

지하철 안의 대중들의 시선이 할머니에게 집중되었다.

의기양양 할머니, 결정타를 날리신다.

할머니 1 : 여자가 80대가 되면 어떻게 되는 줄
　　　　　알아?

할머님 2 : 몰러~.
할머님 1 : 산 년이나 죽은 년이나 마찬가지야!

 이름 짓기

 월드컵 대표 팀이 동남아 전지 훈련을 마치고 귀국을 하던 날, 대표 팀이 탄 비행기가 기체 고장 때문에 태평양에 추락하고 말았다.
 죽음의 문턱에 선 그들은 용왕님 앞에서 말했다.
 "우리는 월드컵 대표입니다. 한 번만 기회를 주십시오."
 듣고 있던 용왕님이 말했다.
 "좋다, 그대들로 하여 온 국민이 기뻐할 수만 있다면 살려 주겠다. 단 한 가지 조건이 있다. 앞으로 태어나는 너희 자식들의 이름엔 반드시 끝에 '사' 자를 넣어야 하느니라."

 용왕님과 약속을 하고 구사일생으로 살아 온 다

음 날, 훈련 중 휴식 시간이 되었다.

이운재가 말했다.
"이사? 이사가 뭐야? 이사만 다니란 말이야?"

김영광이 말했다.
"김사? 김밥 장사나 하란 말이야?"

백지훈이 말했다.
"백사? 내 아들은 뱀 장사나 하란 말이야?"

안정환이 말했다.
"안사? 아무것도 사지 말란 말이야?"

박주영이 말했다.
"박사? 와아, 내 아들은 박사 되겠네?"

그 때였다.
어디에선가 누군가가 분통 터지는 목소리로 외쳤다.
"시끄러워! 너희들, 조용히 못해!"
그 선수의 이름은?
설기현!

자네도 봤군!

주인 처녀가 목욕하는 것을 들여다본 앵무새가 있었다.

그 앵무새가 계속 "나는 봤다! 나는 봤다!"고 지껄이자 처녀는 화가 나서 앵무새 머리를 빡빡 밀어 버렸다.

며칠 뒤 군대에 간 처녀의 남자 친구가 휴가를 받아 집에 놀러 왔는데 머리가 빡빡이었다.

이것을 본 앵무새가 지껄였다.

"자네도 봤군! 자네도 봤군!"

 왜 안 탔어?

  온난화로 시달리던 지구에 드디어 대홍수가 나고 말았다.
  모든 사람들이 높은 곳으로 피난을 가느라고 난리가 났다.
  하지만 신앙심이 깊은 오정이는 피난을 가지 않았다.
  '하나님이 나를 버리시겠어? 구해 주실 거야.'
  물이 점점 차오르자 오정이는 지붕 위로 물을 피해 올라갔다.
  비는 점점 세게 내리고 지붕도 얼마 안 있으면 잠길 위험에 처했다.
  오정이는 간절히 기도했다.
  "하나님 아버지, 저를 이 위험에서 구해 주시옵

소서!"
하지만 비는 그치지 않고 계속 쏟아졌다.
오정이는 거의 익사하기 직전이었다
그 때 어느 사람이 보트를 타고 피난 가다가 오정이를 발견하고 타라고 했다.
"아니에요, 다른 사람 더 태우세요. 저는 하나님이 구해 주실 거예요."
그러다 결국 오정이는 물에 빠져 죽고 말았다.
천국에 간 오정이는 하나님에게 따졌다.
"저는 신앙심이 깊어 하나님께서 구해 주실 줄 알았는데 왜 안 구해 주셨나요?"
그러자 하나님은 장부를 보더니 이렇게 말했다.
"아까 보트 한 척을 보냈는데 왜 안 탔어?"

 영주권

당연히 지옥으로 갈 거라고 생각한 놀부 앞에 베드로가 나타나 말했다.
"지옥으로 갈 건가, 천국으로 갈 건가?"
곰곰 생각한 그는 이왕 얻은 기회를 잘 활용하려고 마음먹었다.
"죄송하지만 베드로님, 천국과 지옥을 잠시 구경하고 결정하면 안 되겠습니까?"
"좋아, 그렇게 하게."
베드로는 흔쾌히 승낙했다.
지옥에 갔더니 술집도 보이고 재미있게 노름도 하면서 지내는 사람들이 많았다. 거기에 예쁜 여자까지 즐비했다.
천국에 갔더니 모든 사람들이 흰 옷을 입은 채

성경 얘기를 하며 찬양만 하는 게 아닌가.

놀부의 눈에는 천국이 너무 따분하고 재미없어 보였다.

술과 예쁜 여자들이 즐비한 지옥에 더 구미가 당겼다.

"결정했습니다, 베드로님, 지옥으로 가겠습니다. 지옥으로 보내 주세요."

"후회는 하지 않겠지?"

"물론이지요, 소신껏 결정했으니까요."

지옥으로 간 놀부는 깊은 굴 속으로 끌려갔고 용광로처럼 뜨거운 곳에 던져졌다.

"으악! 아까 그 곳과 틀리지 않습니까!"

기가 막힌 놀부가 울부짖으며 항의했다.

그러자 베드로가 말하는 것이었다.
"이 사람아, 아까 건 관광 비자였고 지금은 영주권이 거든."

며느리의 바람기

어떤 아줌마가 시어머니를 태우고 어디로 가는 길이었다.

대부분 남자 운전자들이 여자 운전자들에게 먼저 길을 양보하는 편이었다. 그래서 그 날도 역시 많은 남자 운전자들이 아줌마에게 양보해 주었다.

그 때마다 아줌마는 고마워서 손을 한 번씩 들어 주었다!

그걸 본 시어머니의 얼굴이 점점 더 걱정스러운 표정이 되어 갔다.

집에 돌아온 시어머니가 아들에게 말,

"네 아내 함부로 밖에 내보내지 말그라. 만나는 남자마다 손들어 주면서 아는 척을 하더라. 아는 남자가 한둘이 아녀."

구독 이유

사회적으로 명성이 드높은 어느 교수가 말했다.
"저는 '내셔널 지오그래픽'을 보는 것과 똑같은 이유로 '플레이보이'를 구독하고 있지요."
"아니 그게 무슨 소립니까?"
기자의 질문에 그는 이렇게 말했다.
"결코 가 보지 못할 명소들을 구경하기 위해서 말이오."

대단한 한국인

　미국의 폭주족들은 짧은 가죽 치마를 입은 여자들을 뒤에 태우고 거리를 달린다.
　하루는 우두머리가 말했다.
　"심심한데 일본이나 쳐들어갈까? 일본 사람들은 우리보다 키도 작고 덩치도 작은데 우리가 가지고 놀 수 있겠지?"
　그래서 미국의 폭주족들은 모두 일본으로 쳐들어갔다.
　그런데, 일본의 폭주족들은 오토바이 뒤에 사시미칼이나 체인 같은 것을 주렁주렁 매달고 다니는 게 아닌가!
　미국의 폭주족 두목이 기가 죽어 하는 말,
　"아니, 우리는 뒤에 여자를 태우고 다니면서 즐

기는데, 댁들은 왜 그런 무시무시한 흉기를 매달고 다닙니까?"
이 말을 들은 일본 폭주족이 하는 말,
"야, 우린 아무것도 아냐. 한국의 형님들은 뒤에 가스통을 달고 다녀."

사오정의 시력은?

학교 자습 시간을 마치고 수업이 시작되었다.
그런데, 사오정이 공부는 하지 않고 딴짓만 하자 선생님이 호통을 치며 말했다.
"야, 거기 맨 뒤 필기 안 하고 뭐해?"
"안 보여서요"
오정이가 눈을 찡긋하며 말했다.
"그래? 네 눈이 몇인데?"
"제 눈은 둘인데요."
"아니, 그거 말고 네 눈이 얼마냐고?"
"제 눈은 안 파는데요."
"어허! 네 눈이 얼마나 나쁘냐고?"
"제 눈은 뭐, 나쁘고 착하고 그런 거 없는데요"

 아들과의 관계

1. 잘난 아들은 국가의 아들.
2. 돈 잘 버는 아들은 사돈의 아들.
3. 빚진 아들은 내 아들.

3대 미친 여자 시리즈

1. 며느리를 딸로 착각하는 여자.
2. 사위를 아들로 착각하는 여자.
3. 며느리의 남편을 아직도 아들로 착각하는 여자.

경상도 아버지의 시간 개념

1. 30분 후에 집에 오실 때
나 : 아부지, 언제 들어오세요?
아부지 : 지금 드가.

2. 1시간 후에 집에 오실 때
나 : 아부지 언제 들어오세요?
아부지 : 금방 드가.

3. 1시간 넘게 걸리실 때
나 : 아부지 언제 들어오세요?
아부지 : 좀 이따 드가.

4. 언제 들어오실지 기약이 없을 때
나 : 아부지, 언제 들어오세요?
아부지 : 니들 먼저 밥 무라!

 # 신부와 목사님

 자동차 한 대가 신호등 앞에 멈춰 있었다.
 그런데 그 때 다른 차 한대가 빠른 속도로 달려오더니 범퍼를 들이받는 것이었다.
 묘한 일은 앞차의 운전자는 목사님이었고, 뒤 차의 운전자는 신부님이었다는 사실이다.

 "어허, 이럴 수가 있습니까?"
 그들이 서로 상대의 잘못이라고 싸우고 있을 때 카톨릭 신자인 경찰이 나타났다.

 경찰은 목사를 한 번 보더니 곧장 신부에게 가서 이렇게 물었다.
 "신부님, 저 목사님의 차가 얼마나 빠른 속도로 후진했는지를 말씀해 주시겠습니까?"

진짜 기적

기적을 일으키는 신기한 도술을 갖고 있다는 노승이 말했다.

"여보게, 자네 아내가 벙어리인데, 어느 날 갑자기 말을 할 수가 있다면 그것은 정말 위대한 기적이 아니겠나?"

"아닙니다, 도사님! 그런 것은 믿지는 않습니다. 다만 말 많은 집사람이 갑자기 벙어리가 된다면 그것이야말로 진짜 기적이지요!"

 추억

　은발의 노부부가 베란다 의자에 앉아 석양을 바라보며 이야기를 나누고 있었다.
　할머니가 말했다.
　"영감, 기억나요? 우리 공원에서 만났을 때, 내 손을 처음 잡을 때 얼마나 떨렸는지 알아요?"
　그러자 할아버지가 할머니의 손을 슬그머니 잡았다.
　"그리고 나에게 기대면서 갑자기 키스를 했잖아요?"
　그러자 할아버지가 할머니에게 기대면서 키스를 했다.
　할머니는 기분이 좋아져서 계속 말했다.
　"그리고, 그 다음 기억나요? 당신이 내 귀를 애

무하면서 깨물어 주었잖아요?"
그러자 할아버지가 갑자기 일어서더니 집 안으로 들어갔다.
놀란 할머니가 물었다.
"갑자기 어디 가요?"
그러자 할아버지가 대답했다.
"틀니 가지러!"

혀 짧은 소년의 비애

혀 짧은 소년이 있었다.
어느 날 그 혀 짧은 소년의 집에 불이 나서, 혀 짧은 소년은 119로 전화를 돌렸다.

소 년 : 어보데여~ 디금 우디 딥 부나떠여(여보세요, 지금 우리 집 불났어요)!
소방수 : 뭐라고요??

소 년 : 디금 우디 딥 부나떠여~!
소방수 : 뭐라고요?? 무슨 말인지 잘 모르겠어요.

소 년 : 디금 우디 딥 부나따니까여~!
소방수 : 뭐라고요? 너 혹시 장난 전화하는 거

아냐??

소 년 : 디금 우디 딥 부나떠여~ 당난 던하 하는 거 아예여~!
소방수 : 뭐라고? 너 인석, 장난 전화 하면 혼난다!!!

소 년 : 이 때끼야! 우디 딥 다 타써!

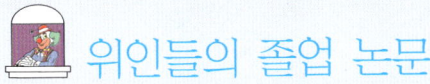
위인들의 졸업 논문

*공과 계열
이순신 : 센서를 이용한 거북선 제조 이론.
노 벨 : 차세대 무기 '활'에 대한 연구.
라이트 형제 : 인간은 하늘을 날 수 없다는 것에
　　　　　　 대한 기계학적 증명.
한석봉 : 무조명 아래서의 떡 써는 방법 연구.

*사회과학 계열
나폴레옹 : 전시에 방위병 퇴근에 관한 국가적
　　　　　 손실에 관한 고찰.
마르크스 : 공산주의 사상의 허구와 피해.
맹 자 : 잦은 이사가 자녀 학업에 미치는 영향.

*경상 계열

서재필 : 독립신문 구독료 책정에 관한 시장 조사.

스티븐 스필버그 : 비디오 대여점의 운영과 고객 관리.

*법정 계열

뉴 턴 : 내 앞마당에 떨어진 옆집 사과에 대한 소유권의 법적 해석.

제임스 본드 : 특수 요원 살인 면허의 정당성에 대한 검증.